Formación de Mentores

Dr. Paul M. Reinhard

Traducido por el
Pastor Nelson Aguillón

Out of the Box Publication
San Bernardino, CA
2016

Derechos de autor y permisos

Dr. Paul M. Reinhard

Se concede permiso de citar párrafos
para el uso ministerial o de grupos pequeños.
Los ejercicios y preguntas pueden ser utilizadas por
iglesias, ministerios, y grupos pequeños.
La copia y el uso de sesiones completas/capítulos de JumpStart
serán mediante la aprobación por escrito del autor:

PaulMReinhard@gmail.com
Llamada o Texto al 909-855-9695

"Pasajes bíblicos tomados de la Biblia NEW AMERICAN STANDARD BIBLE (R), Derechos reservados (C) 1960, 1962, 1963, 1968, 1971, 1972, 1973, 1975, 1977, 1995 por La Fundación
The Lockman Foundation. Utilizados con permiso"

Las citas bíblicas son tomadas de la Santa Biblia,
Nueva Traducción Viviente, Derechos reservados ©1996, 2004, 2007, 2013, 2015 por la Fundación Tyndale House Foundation.
Utilizados con el permiso de la Casa de Publicaciones
Tyndale House Publishers, Inc.,
Carol Stream, Illinois 60188. Todos los derechos son reservados.

Las citas bíblicas tomadas de la Versión Reina Valera 1960
provienen del dominio público.

"Citas bíblicas tomadas de El Mensaje. Derechos reservados ©
1993, 1994, 1995, 1996, 2000, 2001, 2002. Utilizadas con permiso
del grupo de publicaciones NavPress Publishing Group".

Ilustraciones de portada con licencia de Shutterstock.com

INTRODUCCIÓN:
Bienvenido a la Formación de Mentores en JumpStart

Mateo 28:18-20 (NTV)
Jesús se acercó y dijo a sus discípulos:
«Se me ha dado toda autoridad en el cielo y en la tierra.
Por lo tanto, vayan y hagan discípulos de todas las naciones,
bautizándolos en el nombre del Padre y del Hijo y
del Espíritu Santo. Enseñen a los nuevos discípulos
a obedecer todos los mandatos que les he dado. Y tengan por seguro esto:
que estoy con ustedes siempre, hasta el fin de los tiempos».

2 Timoteo 2:2 (NTV)
Me has oído enseñar verdades, que han sido confirmadas por muchos testigos confiables. Ahora enseña estas verdades a otras personas dignas de confianza que estén capacitadas para transmitirlas a otros.

Jesucristo de Nazaret nos llamó para hacer discípulos. Esa es la oración breve y concisa que justifica la Formación de Mentores en JumpStart. Jesucristo, nuestro Señor, Salvador, y Dios nos dijo que hagamos discípulos. Entonces, ¿por qué las iglesias y ministerios invierten tanto tiempo y dinero en todo lo demás? Es hora de confiar en Jesús y hacer lo que él dijo. En la forma en que dijo que se hiciera.

En la ciudad de Abiyán, en la costa de marfil de África, me paré bajo el sol en un campo carente de asientos junto a 35,000 personas que viajaron horas o días para adorar a Jesús. En América la asistencia a la iglesia dominical se desploma si una nube amenaza con una gota de lluvia. Es triste que muchos creyentes le dan una pequeñez a Jesús en lugar de seguirlo de todo corazón. Él es parte de su vida, pero no el fundamento. Él está en el carro, pero no lo conduce. El discipulado de uno a uno tiene el poder de cambiar eso.

Si Jesús relatara La parábola del sembrador hoy, podría decir: "los creyentes están siendo devorados por las aves, muriendo sin raíces, y siendo ahogados por las ansias de este mundo". Durante los últimos treinta años de ministerio pastoral he visto a muchos conversos abandonar la carrera y muy pocos cosechan 30, 60, y 100 en crecimiento espiritual. Escribí los volúmenes JumpStart uno y dos para dar a los líderes cristianos una herramienta de discipulado basado en mentores en su entorno ministerial. ¡La Formación de Mentores de JumpStart es el volumen de complemento destinado a guiarte en el proceso de reclutamiento, Formación y liderazgo de mentores de discipulado multiplicativo! Puede sonar aterrador ahora mismo. Pero Jesús nos dijo que lo hiciéramos. Creo, que, si obedecemos humildemente el llamado del Señor de hacer discípulos, Él cumplirá su promesa de edificar su iglesia. Me gustaría haber tenido JumpStart veintiún años atrás, cuando me convertí en un pastor líder.

El propósito de JumpStart
Según la propuesta del proyecto doctoral de Paul.
Escrito en el año 2013

El propósito de este proyecto es capacitar a siete mentores de Northpoint Christian Fellowship en el uso de JumpStart. El potencial de este proyecto es desproporcionado a la aparente simplicidad de la declaración de propósito por varias razones importantes.

En primer lugar, NorthPoint ha estado desarrollando su formato de células durante los últimos cinco años. Un equipo de diseño ha estado laborando durante el año pasado en el enfoque del servicio de Celebración. Es hora de desarrollar la dimensión de Mentoría de nuestro modelo ministerial. La congregación ha oído hablar de JumpStart y la gente está emocionada de que inicie el proceso de Formación.

En segundo lugar, los primeros siete mentores son el inicio de un ciclo diseñado para la reproducción. El reclutamiento y Formación de los mentores presupone su intención de reclutar y capacitar a otros. El objetivo es un sistema multi-generacional ilimitado para la auto-expansión de discípulos.

En tercer lugar, existe una sinergia entre el evangelismo *Oikos* y JumpStart. Al expresar la gente interés en conocer a Jesús, o crecer en su fe, los líderes se esforzarán en vincularlos a un mentor capacitado en JumpStart. La Formación de mentores con diversidad de etnia, edad, género e intereses, permitirá una mayor flexibilidad en vincular a un buscador, o un creyente en desarrollo, con el mentor más compatible posible.

Cuarto, la meta de Northpoint es desarrollar líderes adicionales con la habilidad de liderar un grupo de célula. JumpStart sería el primer paso en ese proceso de formación. Cuando el líder de una célula reconoce el potencial de liderazgo en un miembro del grupo, ellos pueden utilizar JumpStart como el medio para establecer un diálogo espiritual de dieciséis semanas basado en temas bíblicos claves. JumpStart facilita el diálogo en las áreas de celebración, células, mentoría, liderazgo, y vida espiritual dentro del cuerpo de Cristo.

Quinto, personas fuera de Northpoint han expresado su interés en usar JumpStart para la mentoría. No sería difícil reformatear el material presentado en este proyecto para su uso de una manera prolongada de tiempo. Este modelo de Formación facilitaría la posibilidad de volar a un sitio lejano y capacitar a posibles mentores preseleccionados por los líderes de la iglesia que ya han cursado varias sesiones en preparación para la Formación.

[A partir del 2016 de diciembre, hemos capacitado a docenas de mentores dispuestos y capaces de discipular a buscadores, o a nuevos miembros de Northpoint. En la actualidad, hay varios nuevos creyentes disfrutando de la Mentoría.]

Primera Parte:
¿Qué es JumpStart y cómo lo utilizo?

En la Primera Parta examinaremos lo práctico de JumpStart. Te guiaré en el proceso para seleccionar a tu primera generación de mentores. Veremos a quién escoger y por qué. Te invito que ores pidiendo la dirección de Dios en cada paso del viaje.

Te guiaré a través de cada una de las partes en una Sesión. Hay más que indagar que lo que salta a la vista. JumpStart es perfecto para el misionero en busca de un "modelo de iglesia completo" que pueda dejarle a un pastor oriundo. O para que un pastor lo use con un grupo de alumnos universitarios. El Volumen Uno puede ser un estudio para nuevos creyentes y el Volumen Dos una guía de Formación de líderes en el ministerio. La Sesión Dieciséis se puede utilizar para formar un modelo ministerial en forma de triángulo que consiste en la Celebración, Células Cristianas, y Mentoría con la palabra de Dios y la oración internamente, y el evangelismo relacional de Oikos externamente.

Tus pláticas serán guiadas por los principios de estudio bíblico inductivo. Exploraremos cómo dos o tres creyentes, Dios, y sus Biblias pueden tener juntos un tiempo maravilloso. Los nuevos creyentes aprenderán a abrir La Biblia, hacer preguntas, y luego descubrir las respuestas por sí mismos. JumpStart desarrollará en el participante, la capacidad de escuchar, entender y aplicar a su vida la Palabra escrita de Dios.

Segunda Parte:
El modelo de Mentor basado en Jetro y Moisés

En Éxodo 18, Jetro visita a su yerno Moisés. Estudiarás cada aspecto de ese encuentro y sacarás las aplicaciones modernas relevantes a deportes, medicina, derecho, ejercito, negocios y ministerio. Leerás mis relatos y experiencias como mentor y como alumno. El alumno es la persona que recibe la mentoría. He tenido experiencias positivas y negativas en cuanto a la mentoría: en las Fuerzas Especiales, en el departamento de policía de Glendale, en otros empleos y múltiples entornos ministeriales. Voy a compartirte algunos de ellos. Moisés y Jetro son maestros increíbles. ¡Vale la pena estudiar su modelo!

Tercera Parte:
El fundamento Bíblico de JumpStart.

La tercera parte es el fundamento teológico para la mentoría de uno a uno. Examina a Moisés y Jetro, Elías y Eliseo, y a Jesús con Pedro, Santiago y Juan. Conecta a Pablo con Timoteo, Tito y Silas. No es exhaustivo ni excesivamente académico. Se ven algunos asombrosos pasajes y principios del Antiguo y Nuevo Testamentos que afirman la magnitud que ha tenido siempre en el plan de Dios, el discipulado basado en la mentoría.

Formación de mentores JumpStart
En su iglesia:

Si desea programar una formación de mentores en JumpStart para tu iglesia u organización, Póngase en contacto con el pastor Paul.

Paul también está disponible para: evangelismo, orientación, predicación y la formación de grupos pequeños.

Él fue pastor por veintiún años, en la iglesia NorthPoint Christian Fellowship en San Bernardino, California.

La iglesia sobrevivió y se unificó después de: años de terrible división, cambio de nombre, cambio de Constitución/Estatutos, un incendio provocado de 4 millones y reconstrucción del Santuario, una aseguranza en bancarrota, campaña de fondos de capital, y seis años de instalación semanal en un sitio temporal.

A Paul le gusta entrenar pastores e iglesias que están en medio de pruebas, transiciones y visualizando su próximo ciclo ministerial.

Él puede ser alentador y motivador a la reflexión.
¡Los pastores que son ex-boinas verdes tienden a pensar de maneras creativas!

Llame o envíe un mensaje de texto al:
1-909-855-9695

Correo electrónico:
PAULMREINHARD@GMAIL.COM

Índice

PRIMERA PARTE:	¿Qué es JumpStart y cómo lo utilizo?	1
Lo Primero	¡Prepárate para la jornada formativa de JumpStart!	2
Capítulo uno	¿Qué es JumpStart?	6
Capítulo dos	¿Cómo lo utilizo?	10
Capítulo tres	Estudio bíblico relacional inductivo para mentores de JS	22
Capítulo cuatro	Implementación	27
SEGUNDA PARTE:	El Modelo Jetro/Moisés	46
Capítulo cinco	El anuncio	48
Capítulo seis	Encuentro, saludo y sentada	51
Capítulo siete	Comparte tu historia	54
Capítulo ocho	Un mentor incondicional	57
Capítulo nueve	Comida, Dios y adoración	59
Capítulo diez	Haz la pregunta necesaria	62
Capítulo once	Responde la pregunta	64
Capítulo doce	Una palabra de corrección	67
Capítulo trece	Un tiempo para enseñar	70
Capítulo catorce	Si Dios ordena	73
Capítulo quince	Apto para escuchar	76
Capítulo dieciséis	El resultado	79
Capítulo diecisiete	Formación: modelo de una plática de mentor	82
TERCERA PARTE	El fundamento bíblico de JumpStart	101
Capítulo dieciocho	Los fundamentos teológicos para JumpStart	102
Epílogo	Números, pensamientos y una oración	115

Primera Parte:
¿Qué es JumpStart y cómo lo utilizo?

Si eres un pastor, líder o buscador que quiere aprender acerca de Jesús, podrías preguntarte quién soy, qué es JumpStart, y por qué nos gustaría servirte! Permíteme tratar de responder a esas preguntas.

Pensamiento:
Medita antes de leer y responder a estas preguntas. ¿Existe una necesidad de discipulado en tu vida, grupo, iglesia, capilla, o entorno ministerial? ¿Qué ha estado hablando Dios a tu corazón últimamente? ¿Cuál es tu sueño para un ministerio de mentores en tu entorno?

LO PRIMERO

En el seminario Golden Gate, donde estudié mi doctorado, usaban una buena herramienta. La llamaban "Lo Primero". Leíamos y hacíamos la tarea antes de llegar a nuestro intensivo de dos semanas. Eso nos permitió aprovechar nuestro tiempo con los profesores. Arrancamos velozmente, listos para discutir el material y nos enfocamos en la aplicación.

Si me llamas a tu sitio del Ministerio seguiré este patrón probado. Si tu pastor o líder del ministerio lleva a cabo esta Formación pueden tomar más tiempo, pero deben cubrir estos pasos básicos. Aquí está Lo Primero. HAZ TU TAREA. ¡APROVECHA TU TIEMPO!

1. Lee el cuadro de introducción para cada una de las dieciséis sesiones. Esto te dará una visión general de hacia dónde te diriges. Verás el rumbo antes de iniciar.

2. Lee la parte Oikos de cada sesión de mentores. Esto te ayudará a comprender el potencial del alcance de JumpStart. Reproducirse es esencial. ¡Aspira a lo grande!

3. Lee la Primera Parte de la formación del mentor en este libro. Esto te introducirá al estudio bíblico inductivo relacional. Definirá: Estudio bíblico, Relacional, e Inductivo. JumpStart es una singular combinación de los tres. Atraerá tu atención a cada una de las "partes móviles" de la sesión JumpStart y de la mentoría. Se profundizará en la dinámica de usar la sesión y la mentoría. Cada persona los usará de acuerdo con sus dones particulares, personalidad, y las necesidades de alumno.

4. Lee la segunda parte de la formación del mentor. Imagínate el modelo de mentoría de Jetro/Moisés en tu contexto ministerial. Extrae normas que te ayuden a "crear las condiciones" para reuniones de éxito con tu alumno. Recuerda: no usarás cada paso todas las semanas. Pero hay normas sustanciales para conectarse a los demás.

5. Trabaja, por tu cuenta, en la séptima sesión del primer volumen y en la undécima (11) sesión del segundo volumen. Hacer la sesión y la mentoría. Lee las escrituras, contesta las preguntas, vamos a utilizarlas en la formación. Eso te dará la base bíblica para tu llamado a ser un mentor, y la base bíblica para hacer discípulos.

6. Después de la formación, sugiero emparejar entre sí a la primera generación de mentores. Ya que ambos han leído la formación del mentor, escucharon la plática, y trabajaron en dos sesiones de muestra, deberían tener una buena idea del rumbo de JumpStart. Que trabajen en todo el primer volumen desde la primera sesión.

Deben continuar orando y vinculándose al equipo de formación de mentores o el Pastor/líder apropiado. Sus ideas deben centrarse en invitar a otros al proceso de mentores. Hay dos formas valiosas de lograr esto. Primero: cuando los mentores de la primera generación terminen el primer volumen, pueden seguir trabajando en el segundo volumen con su pareja, e iniciar el primer volumen con un nuevo alumno.

Segundo: terminen los volúmenes uno y dos, si no pueden hacer dos sesiones de tutoría por semana. Luego de la "graduación" repitan el ciclo con un nuevo alumno.

Los mentores no necesitan siempre trabajar en dos reuniones a la vez. Esto puede ser agotador. Pero sí acelera el proceso de lanzamiento. Sin embargo, se le debe dar prioridad a la salud emocional, física, relacional y a los compromisos de tiempo del mentor. Preferiría ver gente feliz, sana y comprometida construir algo lento y fuerte. Gente frustrada, exhausta, o con muchos compromisos, pueden envenenar el ambiente o renunciar. Recuerda: Moisés pasó cuarenta años con Josué y el resultado fue excelente.

7. La primera generación de mentores es clave para el éxito futuro. Las plantas crecen de la semilla. Elige bien. Ve algunos rasgos de la primera generación de mentores.

A. De acuerdo con el pastor, la visión, y los líderes de la iglesia o el Ministerio. No estás buscando gente que no piensen. ¡Pero necesitas simpatizantes del ministerio!

B. Entusiasmados por crecer en su fe personal y abiertos a aprender cosas nuevas.

C. Dispuestos a compartir su fe con los demás. O, listos para aprender cómo.

D. Entusiasmados con la noción asesorar a otra persona. Si están asustados, nerviosos, o se ven a sí mismos como incapaces o indignos: alaba a Dios. Los humildes y disponibles son los perfectos para enseñar. Si su corazón está donde debe, se les pueden enseñar las habilidades e impartirles confianza. Evita a los crónicamente neuróticos, tóxicos y negativos. Eso es diferente a la inquietud honesta. La formación de la primera generación mentores no es donde se sana a los miembros débiles de la iglesia. Cristo escogió discípulos funcionales. Sigue su ejemplo.

E. Capaz de hacer un compromiso de tres horas por semana. Una hora y media para la tarea y la oración. Una hora y media para reunirse con su alumno.

F. Evita a los sabelotodo y a los controladores. La gente para la que no hay nada nuevo y lo sabe todo: es letal. Los mentores no deben dominar. Deben servir.

G. Los cristianos bebés con poca o ninguna teología necesitan ser tratados caso por caso. Si han demostrado ser fieles y accesibles, yo los pondría a la par de un creyente maduro y amoroso para su formación en la primera generación. Si la "captan" pueden resultar en uno de tus mentores de más entusiasmo. Emparéjalos con cuidado. Estás asentando el poderoso ADN ministerial en un precioso y nuevo creyente. No los desperdicies, ni los dañes. Podría ser tu mentor de 30, 60, 100.

H. Estaría de más decir que no hay manera incorrecta de estudiar JumpStart. Es probable que dos o tres buscadores o creyentes bien intencionados con una Biblia más JumpStart, tengan su propia asombrosa y excepcional aventura.

Ejemplos:

Dos hombres en nuestra iglesia son buenos amigos y apoyan el ministerio. Tienen 20 años en la fe. Les tomó casi un año en adoptar JumpStart. Se juntaron en Taco Bell con sus Biblias de estudio. De las sesiones nació un estudio más profundo de La Palabra de Dios. Scott, pronto será mentor de un joven que se bautizó el pasado domingo. Frank se está preparando y me acompañará a la India para capacitar con JumpStart a cuarenta líderes de iglesias en casa. Estoy contento con ambos.

Una jovencita nueva en la fe está estudiando JumpStart con una mujer madura en la fe. Ella está alegre con lo que está aprendiendo. Las preguntas la están llevando al texto bíblico y su mentora la está ayudando a aplicar a su vida, lo aprendido. Ella se bautizará el próximo domingo y está ayudando a liderar nuestra Celebración de la Recuperación. Me dijo que quiere ser mentora de otras mujeres cuando esté lista. De Celebración de la Recuperación, a la mentoría en JumpStart. Estoy emocionado.

El domingo pasado una mujer nueva en nuestra iglesia tomó JumpStart. Ella ha sido líder del ministerio de mujeres en otro entorno. Uno de los creyentes mayores de nuestra iglesia la vio con JumpStart y me preguntó: "¿tienes alguien que la guíe?". Le dije: "no". Marge me dijo: "hablaré con ella el miércoles por la noche cuando estemos juntas". Marge es una de santa mujer de confianza que ha trabajado con JumpStart. Si ella guía a esta mujer nueva en JumpStart y me indica que está bien, entonces sé que podemos dejar que la nueva dama obre en el ministerio aquí en Northpoint porque ha estudiado nuestro ADN, y Marge ha tenido dieciséis semanas para forjar una relación y ha analizado su teología. Llámalo mi debida diligencia relacional como pastor. Es una situación ideal para todos.

I. Yo sugeriría que excluyas a los gruñones en tu primera generación de mentores en JumpStart. Quieres espíritus dispuestos y emocionados que se involucren con mentes abiertas. Ve tu primera generación como la semilla. Consigue lo mejor que puedas con el mayor potencial de crecimiento y reproducción. Riégalos bien con el amor, la oración y el estímulo.

8. Si me invitan a tu iglesia para ayudar en la formación de mentores de la primera generación, iniciaremos con repaso general de un discipulado basado el método del mentor en JumpStart. Ya que, han estudiado el material previamente, podemos iniciar con sus preguntas, inquietudes, y metas para la ejecución. Haremos la séptima sesión para practicar la Mentoría. Yo seré el mentor, y trataré al grupo como el alumno. Luego comeremos, seguido de una charla sobre el modelo de mentoría Jetro/Moisés. En nuestra última sesión de Formación, tú harás pareja con uno o dos más, y trabajarán en la sesión once. ¡Terminaremos nuestro día con compartiendo tu sentir, los planes para la implementación, y la oración! Animo a pastores o líderes a seguir este patrón. Si estás implementando JumpStart por ti mismo, llámame para ayudarte en lo que pueda. ¡Dios te bendiga!

Tus pensamientos, notas y preguntas:

¿Qué es JumpStart?
Capítulo uno

Permíteme iniciar diciendo que JumpStart no es un programa más en tu ministerio. No es un estudio bíblico. No es un curso de consejería. No es una cosa más que los sobrecargados miembros de tu iglesia deben empezar a hacer. No es rápido. Permíteme decirlo de nuevo. No es nada rápido. Si tienes a un ejecutivo denominacional que está acosándote en busca de resultados, sugiero que mejor te quedes viendo un partido de fútbol en la casa pastoral, o que te vayas a dar una vuelta a la feria del pueblo. Ja, ja, ja.

Si nos abres la puerta, yo le ruego a Dios que me use a mí y JumpStart para desafiar a tu iglesia. Le ruego a Dios que nos use para iniciar en ti y en las personas que sirves, una obra de renovación espiritual para ganar almas profunda, real, poderosa, y duradera. Después de cuarenta años en la fe, estoy frustrado con jugar juegos y perder el tiempo. Tengo poca o ninguna paciencia con personas egoístas que piensan que la iglesia les pertenece. La Iglesia existe para entrenar a los hallados a encontrar a los perdidos. En las palabras del apóstol, "a todos me he hecho de todo, para que, por todos los medios, salve a algunos". Cualquier cosa menos, es insignificante y desperdicia los gloriosos dones que Dios nos ha dado tan amorosamente.

Asistí a un Simposio de la iglesia celular en Waco, Texas en junio de 2009. Hoy es octubre de 2016. El pastor Dion Robert de Abiyán, Costa de Marfil, África Occidental se paró frente al púlpito y predicó a través de su traductor Jim Lassiter. Llegó a un punto en su sermón en el que, con autoridad, pero humildemente ordenó: "vete a casa y mata tu iglesia". Su pasaje era Gálatas 2:19-20. Su punto era que las personas que conducían la iglesia están muy vivas para sí mismas y sus deseos, que están muertos a la causa de Cristo.

Gálatas 2:19-20 (NTV)

Pues, cuando intenté obedecer la ley, la ley misma me condenó. Así que morí a la ley —es decir, dejé de intentar cumplir todas sus exigencias— a fin de vivir para Dios. ²⁰Mi antiguo yo ha sido crucificado con Cristo. Ya no vivo yo, sino que Cristo vive en mí. Así que vivo en este cuerpo terrenal confiando en el Hijo de Dios, quien me amó y se entregó a sí mismo por mí.

Recuerdo ese sermón como si fue ayer. La gente muerta no le importa lo largo del sermón, o qué tan recia es la música, o de qué color es la guardería. Porque a la gente muerta no le importa. Los muertos caminan un día o dos y se paran bajo el ardiente sol durante horas para oir la predicación del evangelio. La gente viva mira el cielo nublado por la ventana, apaga la alarma, se da vuelta y sigue durmiendo mientras que sus pequeños se levantan y miran caricaturas. La gente viva, discipula a sus hijos a ser dos veces peores que ellos. Las personas muertas no. Después de comer y compartir con Bill Beckham, Mario Vega, Robert Lay, Dion Robert, y Harold Weitsz, yo estaba asustado. Mi mente y alma ardían.

Me disponía a comer con Ralph W. Neighbour, Jr. y pensando en voz alta acerca de encontrar el material de mentoría adecuado para Northpoint. Ralph me miró fijamente y dijo: "escribe uno tú mismo". Me sorprendió y le pregunté: "¿quién soy yo para escribir un tema de mentoría?". Ralph me miró a los ojos con más atención y dijo: "¿por qué crees que he invertido años de mi vida en ti? ¿Para que no hagas nada? Ralph era mi mentor. Me estaba entrenando y desafiando. Estaba sembrando la visión en mi corazón y dándome la confianza y el valor para seguir un sueño. Eso, hacen los mentores en las vidas de los alumnos. Los mentores llevan a los alumnos a sitios que nunca encontrarían por sí mismos.

Durante muchos meses, oré, pensé, y medité acerca de JumpStart. Podrás leer sobre el día que finalmente comencé. Está en el prefacio de los volúmenes uno y dos. El bosquejo fue hecho en un lapso de veinte minutos usando una libreta amarilla y una pluma de tinta azul. En los años siguientes lo prediqué, lo escribí, y eventualmente lo puse en cartapacios de 8.5 x 11s. La gente en Northpoint comenzó a usarlo y señalar todos mis errores. Me tomó un tiempo, pero finalmente aprendí que el producto terminado era más importante que mi ego. Ahora aprecio a la gente que refinó las preguntas, pasajes bíblicos, y mi gramática.

El uso de la gente y mis arreglos, mejoraron la marcha de las cosas. En el otoño de 2013 corría el riesgo retrasarme en mi D. min. No sabía qué hacer así que una vez más me encontré de nuevo con Ralph, él me dijo: "ya estás muy adelantado como para desistir". "¿Qué hago?", pregunté. Ralph me miró, estábamos en el restaurante Cheese Cake Factory en Brea, CA. "Termina JumpStart y entrena mentores a utilizarlo". Su hijo Ralph asintió sonriendo. En julio del 2014 entregué mi proyecto. Fue terminado en cinco años. De esa fecha para hoy (octubre de 2016), pasaron dos más. En los últimos siete años, mi bella esposa me ha visto luchar, escribir, ajustar, añadir, arreglar y capacitar mentores en el uso de JumpStart.

Hoy, varios años después de lanzar el ensayo piloto de JumpStart, tenemos docenas de hombres y mujeres que están trabajando en/o han completado JumpStart. Si vienes a Cristo en Northpoint Christian Fellowship en San Bernardino, California hay gente que le encantaría invertir cinco meses guiándote a través de los dieciséis pasos progresivos de JumpStart. Te ayudarían a ahondar tus raíces espirituales para una vida fructífera en Cristo.

Cuando comencé a hablar con Northpoint de responsabilidad, grupos pequeños y mentoría, la gente nos llamó una secta. Pastores colegas preguntaron a los directivos de la denominación lo que estaba haciendo a la iglesia en San Bernardino. Un excelente joven que ordenamos fue a pastorear en una ciudad cercana. La asociación local se preguntó si iba a matar a la iglesia, de la forma en que yo había matado a Northpoint. Otro joven del que fui mentor trabajó en otra iglesia y le dijeron que podía comenzar grupos pequeños, pero no como fue hecho en Northpoint.

Fueron días de loca transición. Ahora estoy muy contento al prepararme para dejar la posición de pastor principal que he tenido durante los últimos veintiún años. El domingo pasado, por voto secreto, la iglesia decidió por unanimidad llamar como su nuevo pastor a mi hijo Chris de 36 años. Él ha sido mi socio en el ministerio en los últimos nueve años y está listo para llevar Northpoint a su próximo nivel de ministerio.

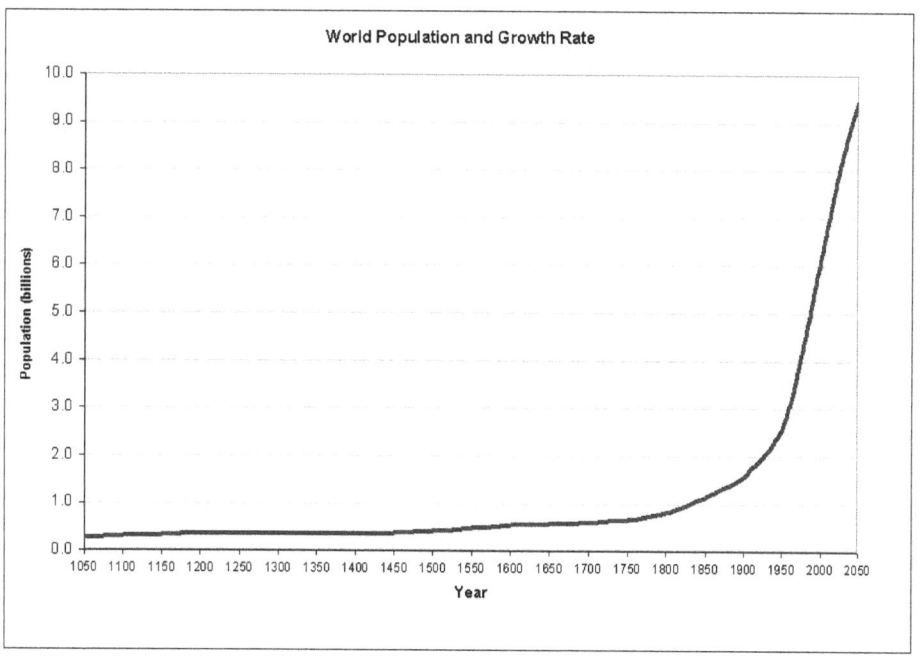

El pasado fin de semana asistí a la conferencia de Transformation Ministries en Mesa, Arizona. Tuve el placer y el honor de escuchar el respaldo que nuestro líder de la misión, el Dr. Willie Nolte brinda a JumpStart y a mí mismo en nuestro movimiento. Animó a pastores e iglesias a conectarse y permitir que les muestre cómo iniciar la mentoría de JumpStart en sus entornos ministeriales. ¡Qué viaje! Paciencia y constancia tenaz dan fruto.

Hace dos fines de semana, asistí a la conferencia Group Life con Nathan Neighbour y Mosaic Pomona, California. Me paré frente a una mesa de libros y por primera vez vendí y regalé copias de JumpStart. Hablé con líderes acerca de iniciar en sus iglesias, un proceso de discipulado basado en el mentor con JumpStart. No se imaginaban les estaba entregando una revolución en dos breves volúmenes. Siete años de oración y trabajo se han publicado.

Se tomó toda la historia de la humanidad alcanzar un billón de población mundial durante la vida de mi bisabuelo. En mis 61 años en el planeta hemos crecido de 2.7 a 7.4 billones de personas.[1] Si Jesús habló en serio de ir a todo el mundo y hacer discípulos de todas las naciones, entonces las cenas compartidas y el bingo nunca harán la obra. Jesús hizo discípulos uno por uno. Es lento, exigente, y a veces desordenado. Pero cuando el espíritu de Dios dio a luz una iglesia de 3,000 miembros en Hechos 2, los líderes, entrenados por Cristo, estaban listos para multiplicar la cosecha. Quiero ver a la iglesia pasar de adición pedante a multiplicación explosiva. El discipulado es la clave. JumpStart es sólo una de las herramientas disponibles. ¡Pero si es la indicada para ti, me encantaría ayudarte a usarla para la gloria de Dios! Amén.

A los artistas y dibujantes entre nosotros les doy mis saludos. Usa este espacio para dibujar lo que Dios está removiendo en tu corazón ahora mismo. A medida que dibujas a lo largo de JumpStart, considera escanear y enviarme tus pensamientos visuales por mensajes de texto o correo electrónico.
¡Me encantaría verlos!

---

[1] Geohive.com

¿Cómo lo utilizo?
Capítulo Dos

En este capítulo, examinaremos cada parte de la sesión y la mentoría. Identificaré los diferentes cuadros, palabras y títulos. Hay más partes móviles en JumpStart que lo que salta a primera vista. Hay oraciones, pensamientos, recuerdos, versículos para estudiar, y memorizar. La tarjeta Oikos es de especial importancia. Después de cada número abajo, hay una breve enseñanza, un ejemplo, y renglones para tus pensamientos y preguntas. Si estuviera a cargo de la formación, iniciaría con eso. Nos enfocaremos en tus preguntas, pensamientos, preocupaciones y observaciones. Así que, anótalas mientras están frescos en tu mente. Si tu pastor o líder de la iglesia se harán cargo de formación, los animo a que sigan este formato de preguntas y respuestas. Si estás leyendo esto para tí mismo, es bueno que tomes notas que puedas repasar en el futuro. ¿Quién sabe? ¡Podrías ser el instructor de mentores en JumpStart que Dios está preparando!

UNO:
Cada sesión de JumpStart iniciará con un cuadro de texto con una breve introducción a la sesión. Me gusta saber mi destino antes de iniciar un viaje. Leer este cuadro al inicio de la sesión de mentoría puede reorientarte a la lección de la semana. Asegúrate y lee los dieciséis cuadros antes del día de formación. Tendrás una buena visión global de los temas.

Introducción:

Oí una broma de que la iglesia y el fútbol se parecen mucho. ¡Porque los domingos, la gente que necesita ejercicio está sentada viendo a personas cansadas que necesitan un descanso! La verdad asombrosa es que Dios tiene trabajo que hacer para cada uno de sus hijos. La iglesia no es un sitio donde santos descansados llegan a ver a líderes exhaustos corriendo alrededor. ¡La verdadera iglesia tiene líderes, llamados, y equipados por Dios, levantando, formando, y liberando un ejército de discípulos! ¡Todo el pueblo de Dios está invitado! ¡Qué maravilla! Tú eres una parte importante en el cuerpo de Cristo.

_____
_____
_____
_____
_____
_____

DOS:
Un versículo clave sigue al cuadro de introducción. Este versículo trata de captar la esencia de la lección. Sugiero escribir los versículos tarjetas 3 x 5. Luego, perfora un agujero en la esquina de la pila de tarjetas y átalas. Si escribes el libro, el capítulo, y el versículo en la parte posterior, tendrás un paquete casero para memorizar versículos. Los dieciséis versículos cortos te darán un gran índice mental de los temas que cubriste.

Versículos clave para Memorizar y Reflexionar: Efesios 2:10 (NTV)
Pues somos la obra maestra de Dios. Él nos creó de nuevo en Cristo Jesús, a fin de que hagamos las cosas buenas que preparó para nosotros tiempo atrás.

_____

_____

_____

TRES:
El encabezado de la lección te llevará a profundizar en el tema. Se expande sobre la introducción. Tenderán a ser más largos, aunque en este caso son casi de la misma longitud. Puedes usarlo para enfocarte y prepararte para tu estudio de La Palabra y las preguntas.

Lección:

¡Muy a menudo, la iglesia parece ser un lugar donde la gente va a ver un espectáculo! ¡El sitio donde los pecadores se sientan a ver al santo profesional, tumbar a la lona! No hay nada más falso. Dios ha llamado a cada uno de sus preciados hijos a servir y les ha dado un talento particular. La próxima semana veremos la bella diversidad de dones espirituales que obran en el Cuerpo de Cristo. ¡Hoy enfatizaremos el llamado de cada creyente! Acepta que la Palabra de Dios y no la tradición de la iglesia, defina tu lugar en el cuerpo.

_____

_____

_____

CUATRO:
Cada lección incluirá pasajes del Antiguo y/o Nuevo Testamento. Elegí la Nueva Traducción Viviente. Esto se hizo para abarcar el mayor grupo de niveles de lectura preservando la integridad evangélica. Verás que algunas preguntas tienen el espacio justo para completar los espacios en blanco si usas la NTV. Siéntete libre de utilizar tu NVI, RVA, LBLA, u otra traducción favorita. Sólo recuerda que, si te refiero a un versículo

para encontrar tres cosas concretas, otra traducción podría tener 2 o 4. No las hace malas, sólo son impactadas por el vocabulario escogido por el comité de traducción. Notarás que la sesión cuatro en el Espíritu Santo se basa en la LBLA. Más adelante explicaré por qué.

1. Consulta Marcos 1:16-20.

A. ¿Qué llamada hizo Jesús a los discípulos?

CINCO:

A veces, verás la palabra Reflexión. Eso indica que tuve un pensamiento, relato, o sólo quería "predicar un poco". Estas pueden incluir mis opiniones respecto al funcionamiento de una iglesia, u otros análisis sobre la vida y el ministerio. Me gustaría creer que mi visión de Las Escrituras, la iglesia y la vida son siempre correctas. Tristemente, eso no siempre es cierto. Pregúntale a mi preciosa esposa de treinta y ocho años. Ella te lo dirá con gusto.

Seré ser claro y honesto. Cada vez que veas la palabra Reflexión: estás entrando al ámbito de mi enseñanza y opinión. No es La Escritura; no es inspirada por Dios. Me gustaría creer que podría serte útil. Me gustaría creer que después de cuarenta años de caminar con Cristo, mis observaciones tienen algún fundamento. Pero nunca permitas que mis palabras sean la base para la discordia en tus relaciones de mentoría, grupo pequeño o iglesia. Si vas a tener desacuerdos, que sean sobre la escrita Palabra de Dios. Allí si vale la pena estar a la defensiva. Nunca pongas mi visión de la iglesia contra los líderes que Dios ha puesto en autoridad sobre el ministerio donde sirves. Si alguna vez, pensamientos humanos se oponen a la clara y prevalente enseñanza de la Escritura, eso amerita un sano diálogo.

Reflexión:

Muchas iglesias siguen un patrón tradicional humano para el ministerio. Un hombre o una mujer va a la escuela y "aprende a ser un ministro". Al graduarse, esa persona regresa a la iglesia local donde pasa su vida "haciendo el ministerio". El profesional pagado hace tan buen ministerio que puede reunir un fiel rebaño de seguidores diezmadores. Con el tiempo se desarrolla una buena relación de codependencia. Al pastor le encanta ser el ministro, y a la gente le encanta recibir ministerio. Eso arruina el glorioso plan de Dios para su iglesia.

SEIS:

Un Pensamiento puede pesar más que una Reflexión. Un Pensamiento es una observación sobre el texto, o algo que creo firmemente que es verdad. De nuevo, te animo a que guardes tus momentos obstinados para La Palabra escrita. Pero quizá quieras darme el beneficio de la duda en mis Pensamientos. Date tiempo para discernir lo que digo, y por qué, antes de descartarlo. De hecho, llámame, envíame un mensaje de texto o correo electrónico. Me encanta discutir lo que he escrito. Si me convences de que estoy errado, puedo cambiar. ¡El hierro afila el hierro!

Pensamiento:

Moisés no se preocupó por su ego o posición. Quería que el pueblo de Dios recibiera todo lo que Dios tenía para ellos. Estaba tan seguro de sí mismo que no le incumbía a quién Dios usó. Moisés gritó con el corazón de un verdadero líder. Él quería el espíritu de Dios para todo el pueblo de Dios. Él quería que Dios los usara a todos para Su gloria. La oración de Moisés se cumplió el día de Pentecostés, cumpliéndose la profecía de Joel.

_____

_____

_____

SIETE:

Cada sesión termina con una Conclusión. Es aquí donde el predicador en mí resume, concluye, y ata los cabos sueltos. Te reto una vez más. Si está en la conclusión, es importante. Si está en la Conclusión, es un principio básico de la lección. Insto a los mentores a digerir la Introducción, el Versículo para Memorizar, la Lección y la Conclusión. Los pasajes pueden persistir un poco. Pueden incitar variados pensamientos. Pero la Introducción, el Versículo para Memorizar, la Lección, y la Conclusión te dará una clara visión general de la Sesión. Esto puede ser útil para las personas que tienden a pensar. Es útil recordar el tema de la semana, y tratar de perseverar en él. Ahora, habiendo dicho eso, si el Espíritu de Dios está obrando o hablando en un área específica, siéntete libre de quedarte allí. Si Dios está liderando, sigue adelante. Pero, si tu alumno es de tipo casual o desenfocado, entonces utiliza el tema para retraerlos y mantenerlos concentrados. En tres Sesiones sabrás lo que necesitas hacer. ¿Extraviarte o concentrarte?

Conclusión:

Es vital que los creyentes crezcan en la fe y destreza del ministerio. Los cristianos deben ser aprendices de por vida. Pero, el Señor no nos llamó a servir por nuestra habilidad y conocimiento. Cristo nos llamó de la oscuridad a la luz por Su gracia. El Espíritu Santo nos dio dones para usarlos en el servicio al mundo, y la iglesia. Dios nos dio el papel de sacerdotes en la casa de Cristo. Todo lo que tenemos viene por la gracia de Dios. La gran verdad es que Dios llama, dota, y coloca a cada uno de sus hijos en el Cuerpo de Cristo según su buen propósito. Cuando cada uno de nosotros hacemos nuestro trabajo bajo la bendición y unción de Cristo, la iglesia crece y prospera. Es un plan impresionante.

___

OCHO:

Si llegas a Recuerda, has encontrado la predicación. Soy yo queriendo taladrar algo en el corazón de tu alumno. Es importante, es alentador, es un momento de enseñanza, o es un testimonio. Soy yo deseando darle al tornillo otro par vueltas. Soy yo queriendo estar seguro de que entiendes. Soy yo, no deseando detenerme. ¡Soy yo haciendo lo que estoy haciendo contigo ahora mismo! En las palabras de mi padre: soy yo "¡no sabiendo cuando decir: basta ya!" [El cuadro "Recuerda" se encuentra en la página siguiente.]

Espacio para el Dibujante:

RECUERDA:

Tratamos, fracasamos, aprendemos,
y ojalá lo hagamos mejor la próxima vez.

Mi papa me enseñó a esquiar cuando tenía
cinco años. Él me dijo repetidamente:
"¡Si no te caes, no estás intentando!".

Lo importante es seguir intentándolo.
Levántate cuando caigas.
¡Sigue aprendiendo, sigue sirviendo!
Algún día lo harás bien,
o al menos mejoraste.

¡De todos modos, la gloria no te pertenece!

Dios tomará tus mejores esfuerzos,
¡los tocará con Su poder y gloria, y los usará para lograr
cosas increíbles!

Eres un miembro valioso y precioso
del Cuerpo viviente de Jesucristo.

¡Nunca permitas que ninguna persona impida hacer lo
que Dios te ha llamado y te ha dotado para hacer!

NUEVE:

Abróchate tu cinturón de seguridad pues has llegado a la parte esquizofrénica de JumpStart. Esta será una de las partes más liberadoras y/o frustrantes de tu viaje de mentor. Todo depende de tu personalidad, formación, experiencia y enfoque al material escrito. He enseñado la Biblia o he sido mentor por más de cuarenta años. Francamente, lo puedo sin previa preparación. Eso no es difícil para alguien con T-D-A. Puedo iniciar en algún sitio y terminar en otro gran lugar. Veo pasajes en mi cabeza, y el fluir del pasaje se libera. Viene con naturalidad.

Hace años, un estudiante de teología de la Universidad Azusa Pacific visitó Northpoint cuando yo estaba predicando. Después del mensaje, se me acercó y me dijo: "estás haciendo un análisis crítico en formato exegético y nadie lo sabe". Me reí. Sólo los estudiantes de teología dicen cosas así. Sólo relato viejas historias y elijo las partes buenas.

Así que, permíteme aplicar esto. Cuando utilizo JumpStart, guio mi alumno por la Sesión pasaje por pasaje y cuadro por cuadro. Conozco el material, el alumno y a Dios. Dejo que el Espíritu guíe el rumbo de la conversación. A menudo, permito que mi alumno haga la Sesión y que marque las preguntas, oraciones, cuadros, reflexiones, o cualquier otra cosa que le haya hablado. Luego, vamos página por página. Les pregunto: "¿Dónde se conectó Dios contigo?" Dejo que me lleven a donde quieren ir. Si siento que están evadiendo un área en una Sesión, sigo al Espíritu donde Él dirija y si el alumno lo permite.

Cuando empecé a escribir JumpStart mi hijo siempre me recordaba, que me he ganado la vida aconsejando y enseñado la Biblia. Yo estaba estudiando mi tercer título académico. Chris dijo: "es mejor darle a la gente algunas preguntas que puedan usar. Ayúdalos. Enséñales cómo aplicar el texto bíblico. Ayúdalos a conectarse con la gente". Repasé JumpStart y añadí la sección de mentores. Eso puede presentar un problema si eres una persona de detalles como mi esposa. Ella quiere saber qué hacer. Ella quiere órdenes claras.

¿Utilizo la Sesión?
¿Utilizo la mentoría?
¿Hago una, la otra, o ambas?
¡Cuando respondo, "SÍ" eso no parece ayudarla!

En mi grupo hay un pastor muy culto que está estudiando JumpStart. Él preguntó cómo funcionaban exactamente la Sesión y la Mentoría. Dije, "¡SÍ!". Él quedó tan impresionado como mi esposa. Me sugirió que fusionara la Sesión y la Mentoría en algo nuevo. Le dije que no tenía el tiempo, y no estoy exactamente seguro de cómo hacerlo.

Así que, esta es la realidad. JumpStart tiene una sección de Sesión y una de Mentoría. Deseo que las uses como sea más útil para ti. Si puedes aplicar la Biblia de una manera relacional, es posible que la sección de mentoría te sirva poco. Si eres el tipo de persona que es buen consejero, oyente, o sensible, puedes necesitar seguir más de cerca el material bíblico en la Lección. En verdad, yo lo uso todo. Pero lo he usado suficientes veces para conocer las citas bíblicas, preguntas y áreas de énfasis en la sección de Mentoría. Puedo recurrir a toda la gama con mi alumno según se necesario. Así que, leer por adelantado las dieciséis sesiones de JumpStart te ayudará prepararte para el viaje que te espera.

En esta última edición reeditada, he añadido relatos, bromas, minas, y preguntas capciosas. La gente que ha usado JumpStart en el pasado, debe volver a leer los cuadros y bloques de texto. Hay cosas para la gente que batalla con Dios por asuntos del padre negativo. Hay un cuadro para pastores y líderes que no quieren o no pueden soltar el control y permitir que su iglesia se una a este siglo. Hay una reescritura al final de la Sesión ocho que conduce a una evaluación y aplicación más misionera de nuestros dones espirituales. Así que aún los expertos en JumpStart deben leer las secciones de mentoría y familiarizarse con las pistas que he puesto por allí. Recuerda: ¡el cristianismo es un deporte de contacto!

Jumpstart, Mentoría 7
"La Invitación"

_____
_____
_____

DIEZ:
Las Conversaciones Rompehielos están para ayudarte a conectarse. JumpStart es, y no es un estudio bíblico. Puedo leer pasajes sobre el amor, interpretarlos debidamente, y dar la respuesta amable de Escuela Dominical, mientras me sigues cayendo mal. Puedo tener mis brazos cruzados, mis ojos evitados, mis piernas cruzadas, y hacer ruido las llaves del coche mientras la clase canta "Cristo me ama bien lo sé" y no me hará ningún bien. El tiempo de Mentoría es para la aplicación, y la interacción emocional, no sólo una réplica intelectual y cognitiva. No hay nada más frustrante que la corrección bíblica sin el compromiso emocional y la responsabilidad. Hay un relato clásico de cuando el profesor Tony Campolo estaba hablando a la gente de una iglesia que no le entendía. Finalmente los miró y dijo: "es _____ que niños mueran de desnutrición en todo el mundo. Y lo más triste, que estés más molesto por la palabra que usé, que los niños moribundos".

El punto de las Conversaciones Rompehielos es iniciar una conversación. Está diseñada para sacarte de algún pasaje bíblico, al mundo actual. Leerás más sobre esto en la sección de Preguntas de Segundo Nivel en capítulo siguiente. Necesitamos captar a Dios en nuestro cuerpo, mente y alma. No sólo citar como robots las respuestas de la Biblia. La información espiritual exacta, sin obediencia activa, es idolatría intelectual.

Tristemente, hace años, participé en una mesa redonda con hijos de pastores. La mayoría ellos no estaban caminando con Cristo. El punto esencial para estos adolescentes era la hipocresía ministerial de sus padres. Eran teólogos brillantes el domingo, e idiotas en casa. No es suficiente que "Conocer La Palabra". También debemos vivir y practicar La Palabra.

Conversaciones Rompehielos:

1. Piensa en las experiencias pasadas que has tenido en la iglesia. ¿Has sido un participante involucrado o un espectador pasivo?

_____
_____
_____
_____

ONCE:
Casi al final de cada sección de tutoría, hay una sección Oikos. Esto es crucial, y no debe ignorarse. He escrito de nuevo la sección Oikos en esta edición. A lo largo de 16 sesiones se desarrollará el tema Oikos. Te llevará a pensar en tu Oikos, o círculo de influencia. Estas son las 8-15 personas que Dios ha puesto estratégicamente en su vida. A lo largo de las semanas, comenzarás a amar, luego a orar, y luego a servir a tu Oikos. You will practice writing your testimony and pray for an opportunity to share it with your OIKOS. Trabajarás en cómo invitar a tu Oikos a tu bautismo. Oikos es una extensión de JumpStart. Discipulado sin alcance es desequilibrado. El objetivo de JumpStart es levantar SEGUIDORES DE CRISTO QUE GANAN Y DISCIPULAN ALMAS. Te consideraré un éxito en JumpStart cuando el alumno que asesoraste tenga un alumno. En su núcleo, JumpStart está diseñado para ser autorreplicable. Si JumpStart termina abandonado en tu estante con todos los otros libros que has leído, yo habré fallado horriblemente.

Voy a revelar mis tres objetivos secretos dentro de JumpStart. Aquí están. Primero: quiero que sepas cómo leer la Biblia por ti mismo y extraer las verdades pertinentes para tu vida. Luego, quiero que las apliques, los vivas y las hagas. Quiero que la palabra escrita viva en tu vida cotidiana. Segundo: quiero que sepas cómo llevar a otra persona a Cristo, discipularlas, y contagiarlas con la pasión de compartir a Cristo con su Oikos. Tercero: y no menos importante, en la Sesión dieciséis quiero que te contagies con la base bíblica para el tamaño de los grupos Celebración, Grupos Pequeños, y Mentoría de uno a uno o de tres. Mantén mi secreto. Pero JumpStart contiene el ADN de una Iglesia adoradora, construida un Discípulo a la vez, que se Reúne en Grupos y que opera totalmente como el Cuerpo de Cristo. JumpStart es una trilogía creada para incitar una revolución espiritual mediante ti.

Sugiero que todos los mentores lean en orden las dieciséis secciones Oikos, en una sola sesión. Capta la razón. Entiende lo que busco. Luego conduce a tus alumnos por el camino de cómo ganar almas, paso a paso. No los asustes. Deja que lo descubran. A medida que avanzas, espera que el Espíritu Santo aparezca y haga cosas más allá de tu control.

OIKOS:

A medida que principias a verte como un siervo de Dios, oro que Él le abra sus ojos al campo misionero que te rodea. Uno de los recursos más poderosos para impactar el mundo, es el servicio. Puede ser que no esté de acuerdo con tu teología, pero probablemente aceptaré un vaso de agua fría en un día caluroso. Vivimos en un mundo donde la gente puede tener miedo el uno del otro. Sabes que Dios ya te ha dado un círculo especial de influencia para servir. La semana pasada empezaste a orar por tu OIKOS. Esta semana te reto a que principies a buscar formas de servir a tu OIKOS. Oro que tu OIKOS haya notado el cambio en tu espíritu. Oro que asistan a tu bautismo. Oro que estén captando la obra de Dios en sus vidas gracias a tu influencia. Y ahora oro que Dios le permita amar en su OIKOS a través del servicio y las buenas obras.

___

DOCE:

Cada sección de mentores tiene una Reflexión Final. Podrías llamarle la bendición de la Sesión. Es la celebración final por ti, tu alumno, y lo que Dios está haciendo. Es donde se escapan mis porras de ánimo. Estoy contigo. Dios está contigo. Ambos te amamos. Quiero que lo oigas, lo entiendas, lo tengas, y lo vivas. Quiero que tengas éxito en formas espirituales que nunca has probado antes. Quiero cerrar la sección de mentoría con una patada cariñosa en el trasero. Ve, vuela y elévate. ¡Haz y sé lo que Dios ya sabe que eres! ¿LO TIENES, MENTOR? TÚ LO PUEDES HACER. LAS PUERTAS DEL INFIERNO NO PUEDEN CONTENER LO QUE DIOS ESTÁ LIBERANDO EN TU ALUMNO A TRAVÉS DE TI. ¡ESTÁS INICIANDO UNA PIRÁMIDE DE DISCIPULADO, SIN FIN!

Reflexión Final:

Nike dice: "Sólo Hazlo".
El Tío Sam dice: "¡Te Quiero a Ti!"
Jesús dice: "Si me seguís, os haré pescadores de hombres". Él te ha llamado, te ha salvado, te ha dotado y te ha colocado en Su Cuerpo, la Iglesia. Él desea que confíes en Él, y uses los dones que Él te ha dado. ¡Más que nada, Jesús te pide que seas fiel! ¡Si eres fiel y estás dispuesto, Dios te usará para Su gloria! ¡Haz lo mejor que puedas, con lo que tienes, donde estás, y déjale a Dios lo demás!

TRECE:

Hallarás oraciones aleatorias a intervalos. Mis oraciones escritas no son mejores o peores que las tuyas. No tengo poderes pastorales mágicos. Me gusta la oración extemporánea. Me gustan las oraciones del Espíritu Santo. Me gustan las oraciones escritas. Me gusta la oración. Disfruta mis oraciones si te pueden guiar y motivar. Pero ellas jamás deben atarte o limitarte. Están ahí para levantarte, animarte, y liberarte. ¡Úsalas como Dios guíe!

BENDICIÓN DEL VOLUMEN UNO:

Señor Dios Todopoderoso:
Recibo a Jesucristo de Nazaret como mi Señor y Salvador.
Te acepto como mi Padre Celestial.
Invito al Espíritu Santo a entrar en mi vida,
Y a que sea mi maestro, guía, director y consolador.

Entrego a Cristo y Su Reino: mi cuerpo, mente, alma y recursos. Condúceme, guíame, dirígeme, y protégeme. Quiero ir a donde quieras que vaya, decir lo que deseas que diga, hacer lo que deseas que haga, y ser el hombre o la mujer de Dios que me has llamado ser.

Líbrame de los poderes diabólicos de esta era. Utilízame a tu gloria y recíbeme en tu eterno reino celestial cuando mi caminata en este mundo terrenal, haya terminado.

En el poderoso nombre de Jesucristo,
AMÉN

¿Estás pensando en algo especial en este momento? ¿Cómo puedes ver a Dios usándote con JumpStart?

**Hola amigos del arte. Oro que sus corazones y mentes visuales estén explotando con ideas respecto al uso de JumpStart.
¡Este es tu espacio!**

ESTUDIO BÍBLICO INDUCTIVO Y RELACIONAL PARA LA TUTORÍA JUMPSTART
Capítulo Tres

La palabra de Dios está en el núcleo de la Mentoría JumpStart. Cuando dos o tres personas se reúnen en el nombre de Jesús, Él prometió estar con ellos. El Espíritu Santo es el mejor maestro de La Palabra escrita. Nuestro deseo es que un mentor y un alumno abran sus corazones y mentes a lo que Dios tiene para ellos en Su Palabra. Los pasajes que estudiarás y las preguntas de mentor que explorarás, existen para ayudarte en ese proceso.

La palabra RELACIONAL nos dice que este proceso involucra personas. No es un estudio bíblico personal. La meta es estudiar, explorar y sentir la Biblia con otra persona. La palabra INDUCTIVO nos dice que partimos del texto bíblico dejando nos hable. El mentor y el alumno abrirán juntos la Palabra de Dios y permitirán que hable a sus vidas. Luego, juntos, el mentor y el alumno explorarán cómo aplicar lo que Dios les está enseñando.

Estas preguntas guiarán al mentor y alumno en su ESTUDIO BÍBLICO. Estas preguntas no son el final. Son sólo el principio. Son un punto de partida desde el cual se principia a explorar, entender y aplicar las Escrituras.

Cada sesión de JumpStart iniciará con la tarea. El mentor y el alumno leerán por separado la Sesión, y responderán a las diversas preguntas. Algunas de estas preguntas te llevarán directamente a las Escrituras. Otras indagarán lo que piensas, sientes y experimentas de la vida. Usa las siguientes preguntas para ayudarle en la lectura, comprensión y aplicación de la Palabra de Dios a tu vida. Recuerda: JumpStart no es la única forma. Es una manera. Pero si confías en ella, y no la rechazas, te guiará a través de un maravilloso camino lleno de pasajes que cambian vidas. He visto los resultados muchas veces. En el transcurso de las dieciséis Sesiones, te asombrarás de dónde te pueden conducir la Palabra y el Espíritu.

PREPARACIÓN:

1. La Nueva Traducción Viviente 2^A Edición es la versión que se usará para la mayoría de las preguntas basadas en la Biblia. Sesión 4, *El poder,* utiliza la Biblia de las Américas. Si eliges otra traducción, ten en cuenta que ciertas preguntas podrían no alinearse perfectamente con la versión que elegiste. Si utilizas otra traducción, ten a la mano una copia de la NTV para ayudar a clarificar la intención de una pregunta dada, si es necesario.

2. Inicia tu tiempo personal en la Palabra, y tu tiempo junto a su alumno, con la oración. Pídele a Dios que perdone tus pecados, y despeje tu mente. Pídele que te guíe en Su palabra. Pídele que envíe al Espíritu Santo a ser tu guía. Sé abierto a lo que Él te quiere mostrar. Conforme conoces a tu alumno, reconocerás cuando Dios se está moviendo.

PREGUNTAS INDUCTIVAS:

1. ¿Qué dice el texto bíblico?

Lee el versículo o el pasaje como leerías cualquier libro o periódico. ¿Cuáles son los puntos más sencillos y evidentes del pasaje? Si el texto dice: "Jesús lloró" entonces el punto más sencillo del pasaje es que Jesús estaba llorando.

2. ¿Qué significó el texto en su contexto original?

Todo texto tiene un contexto. Si me das una escalera en la tienda de comestibles para que pueda alcanzar los ejotes de la estantería es totalmente diferente que bajar una escalera al pozo en el que he caído. Ambos te involucran a ti, a mí y una escalera. Sin embargo, la emoción, los resultados potenciales y la urgencia son totalmente diferentes. Ve el contexto más amplio del texto que estás analizando. ¿Quién habla? ¿Quién es la audiencia? ¿Quién más está escuchando? ¿Dónde están? ¿Son amigos sentados en un bote de pesca, o están en juicio sus vidas ante un rey y su corte? Pregunta qué significó el texto en su original entorno cultural, geográfico y relacional.

3. ¿Qué significa el texto hoy, en tu cultura y contexto?

El impacto de la cultura en la intención y aplicación de un texto bíblico es una reñida área de estudio. Es un tema más allá de la esfera de esta formación. Pero es importante encontrar la forma de erigir un puente de lo que la Biblia significó para ellos, y lo que significa en el presente para nosotros. Escribí JumpStart creyendo que el Dios de la Biblia desea hablar con nosotros hoy a través de Su Palabra escrita. Me dijo un hombre sabio una vez que la Biblia es como un pez: come lo que puedas hoy, y deja el resto para después. Toma los principios y la enseñanza de la Biblia y ponlos en práctica de la manera más lógica posible.

4. ¿Qué te dice el texto ahora mismo, en tu circunstancia actual?

Cuando ya crees entender lo que el pasaje está diciendo, entonces la expectativa de Dios es que lo hagas. Dos elementos esenciales nos servirán para protegernos en este proceso. En primer lugar: ¿hay un tema firme en las escrituras que apoye lo que crees que Dios te está diciendo? Todo tema bíblico importante tiene muchos versículos. Permite que los pasajes apoyen y confirmen los pasajes. Cuidado con basarte versículos desconocidos. Eso no quiere decir que Dios no pueda hablar contigo así. Dios puede hacer lo que quiera. Sin embargo, si piensas que Él lo está haciendo: ve el siguiente elemento.

En segundo lugar, haz teología comunidad. Habla con tu pastor, líder, mentor, o amigos cristianos acerca de lo piensas que Dios te está diciendo en Su Palabra. Lee varios comentarios de respeto y averigua cuál fue la interpretación y aplicación histórica del texto. Hay una bella consistencia en la teología. La norma es que los eruditos de diferentes seminarios, y diferentes siglos se pongan de acuerdo respecto a la intención básica de la mayoría de los textos. Hay algunos temas en los que la iglesia está dividida. JumpStart ha intentado evitar esas áreas de división.

APLICACIÓN RELACIONAL:

1.   ¿Qué me pide Dios sea o haga, o que no sea o haga, en respuesta a este texto?

Cuando comprendas bastante bien la verdad o principio que el texto habla a la cultura y el contexto de hoy, entonces aplícalo a tu vida. ¿Qué necesitas hacer, no hacer, o ser en respuesta a lo que la Palabra te está diciendo?

2.   ¿Hay algo que me impide obedecer esta parte de la Palabra de Dios?

Este puede ser el punto más difícil de todos. ¿Qué pasa si hay cosas que complican el aparente simple acto de obedecer a Dios? En algunas culturas, esto puede ser vida o muerte. En Estados Unidos, Jesús debe afectar tu trabajo, inversiones, relaciones, matrimonio, hijos y amigos. Elegir obedecer lo que Dios ha revelado es el punto que define tu fe cristiana. La obediencia afecta tu relación, que es la clave para dar frutos y gozo en tu caminar con Jesucristo. Nunca podemos llevar a otro a donde nos negamos a ir.

3.   ¿Cómo puede mentor y alumno ayudarse mutuamente a vivir de acuerdo al texto?

Aquí es donde entran en juego la mentoría relacional, la formación, y los aspectos de discipulado en JumpStart. La confianza, la amistad y un creciente respeto permiten que mentor y alumno hablen a la vida de los demás. Rendir cuentas es una parte saludable e integral del proceso de discipulado. Aquí es donde el discernimiento y la experiencia juegan un papel crucial. Hay un buen equilibrio entre la ministración, el apoyo, el ánimo, y la intrusión abusiva. JumpStart no es un culto que obliga a la gente en un salón y los mantiene despiertos durante días hasta que cedan y adopten nuestro punto.

JumpStart se basa en la premisa de que Dios llama a la gente a relaciones de discipulado. Estas relaciones deben arraigarse en el amor, gracia, misericordia, paciencia, bondad y mansedumbre. Los mentores deben profundizar hasta donde un alumno lo permita. Los mentores deben estar listos para toda plática, confesión, intervención o suceso. **El alumno siempre debe marcar el paso. El alumno nunca debe sentirse forzado por un mentor.**

Puede haber ocasiones en que el Espíritu llamará al mentor a persistir, seguir y quedarse en una pregunta. Al pastor Paul le encanta preguntarle a la gente, "¿Qué te está diciendo Dios?" Si ves emoción, angustia, ansiedad, o consternación en el rostro de un alumno, es apropiado preguntarle cómo el pasaje, pregunta, o plática le está afectando. Recuerda, la decisión de compartir siempre depende de la otra persona. **¡Somos socios, no palancas!**

Permite que la Palabra y el Espíritu de Dios, hagan la obra de Dios. Nuestra obra es caminar junto a nuestro alumno y ayudarlos a encontrar lo que Dios tiene para ellos. Con el paso del tiempo, tu alumno debería empezar a animarte, enseñar y desafiarte tanto como tú. Disfruta de este sagrado tiempo que Dios te ha dado para abrir Su palabra con otra persona. Confía en que Dios guiará todas las pláticas que quiere que tengas. No es necesario forzar nada. ¡Sólo debes seguir la progresión de los temas, y ellos te guiarán a algunos lugares increíbles! ¡Oro para que los próximos meses sean asombrosos para ti y tu alumno!

¿Qué significan para ti las tres partes clave de JumpStart?

Relacional:
_____
_____
_____
_____
_____
_____
_____

Inductivo:
_____
_____
_____
_____
_____
_____
_____
_____

Estudio bíblico:
_____
_____
_____
_____
_____
_____
_____
_____

Amigos artistas: ¿cómo se ve una reunión en la que se reúnen para una taza de café: un mentor, un alumno, y Dios el Espíritu Santo con una Biblia abierta?

IMPLEMENTACIÓN
Capítulo cuatro

Había un método para mi locura:

Cuando entrené a la primera generación de mentores para usar JumpStart en Northpoint, usamos un proceso de formación inversa. Primero, los guie en la experiencia. Luego, en la reunión y el seguimiento de formación, exploramos por completo lo que habíamos hecho. Creo que estaba preparando los detalles del plan conforme avanzamos. Al principio, había inseguridad en nuestro rumbo. Siempre es más fácil corregir errores después de los hechos. Pero ahora el camino de formación es claro y ha demostrado ser afectivo.

FORMACIÓN DE MENTORES JUMPSTART:

#1. ¿Cómo empiezas?

NOTA:

Usa las siguientes diapositivas de PowerPoint con tu líder de quipo, mentores o su propia reflexión personal. Las primeras tres diapositivas se aplican al líder que está iniciando JumpStart en una iglesia, capilla, u otro entorno de ministerio. El resto, describen la relación y el proceso de mentor y alumno. Presta la misma atención a la mecánica y a la disposición de mentoría. El aspecto relacional de la mentoría puede ser más importante que el contenido. Pero la relación sin propósito y contenido es amistad no mentoría. ¡Que disfrutes!

INICIA CON LA ORACIÓN:

Ruega a Dios que envíe la correcta
primera generación de mentores
que participen en JumpStart.

Antes de programar, planificar o anunciar,
¡dedícale tiempo a la oración!

ANUNCIA LA OPORTUNIDAD:

Reúne a tu equipo de líderes de JumpStart, Directiva, Departamento o Comité y principia a compartir tu visión para la formación de un discipulado en tu iglesia, capilla, o ministerio.

REÚNE A TUS MENTORES:

¡Coman y oren!
Denles un vistazo a las dieciséis sesiones.
Acuerden un horario.
Dales sus libros.
Explica el proceso de la tarea.

LA PRIMERA REUNIÓN CON EL ALUMNO:

Tómense el tiempo para conectarse.
Recuerda que los alumnos no
saben qué le espera.
Sé muy gentil.
Pregúntales cómo les va.
Toma el tiempo para escuchar.
No te apresures a la lección.

LA PRIMERA SESIÓN:

**Trabaja a través de la lección línea por línea.
Utiliza este tiempo para descubrir el conocimiento
que tiene tus alumnos de la palabra de Dios.
Detecta su nivel de comodidad.
¿Cuánto quieren compartir?
¡Permite que ellos establezcan el nivel!**

PREGUNTAS DE MENTORÍA:

Utiliza las preguntas de mentoría para explorar la historia y el viaje espiritual del alumno. El origen de su familia contiene muchas de las claves para su actual comprensión de Dios.

ESCUCHA:

Permite que tu alumno revele sus necesidades, esperanzas y deseos para lo que experimentará en con JumpStart.

Escucha las inquietudes, los temores o las dudas. Cuanto mejor escuches lo que tu alumno está diciendo, más profundo te permiten llegar.

PREGUNTAS DE SEGUNDO NIVEL: 1/4

JumpStart no es un sermón o un estudio bíblico.
Compartirás y estudiarás la palabra.
JumpStart es un encuentro dirigido, interactivo,
enfocado en la aplicación
entre tú, tu alumno,
La palabra, y el Espíritu Santo.

PREGUNTAS DE SEGUNDO NIVEL: 2/4

Escucha atentamente a tu alumno
dedica tiempo para hablar de las Escrituras.
Escucha las respuestas que dan a las preguntas.
Luego, de una manera perspicaz y gentil,
Haz las preguntas del segundo nivel.

PREGUNTAS DE SEGUNDO NIVEL: 3/4

Si estás leyendo acerca de la salvación,
Pregúntale a tu alumno cuando
aceptó a Jesucristo.
Si estás hablando de los dones espirituales y el
llamado a servir, pregúntale a tu alumno sobre sus dones,
y donde le gustaría servir.

PREGUNTAS DE SEGUNDO NIVEL: 4/4

**Vigila el lenguaje corporal.
Observa el semblante.
Discierne cuando el Espíritu Santo está hablando.
No apresures, presiones, o pisotees a tu alumno.
Al mismo tiempo, no dudes en esperar
en al Espíritu y darle tiempo para que obre.**

MÉTODO DE ESTUDIO BÍBLICO INDUCTIVO RELACIONAL:

Comparte con tu alumno los cuatro pasos del método de estudio bíblico Inductivo relacional. No te pierdas con muchos detalles, pero sienta una base para futuras discusiones.

LAS PREGUNTAS:

¿Qué significaba el texto en ese entonces?
¿Qué significa hoy?
¿Qué me está diciendo?
¿Qué debo hacer?

LA FUNCIÓN DE LOS MENTORES:

El mentor está junto al alumno para ayudarle a discernir lo que Dios está diciendo a través de Su Palabra. Luego, el mentor ayuda al alumno gentilmente, en oración, y pacientemente, a decidir cómo ponerlo en práctica.

ES UN VIAJE: 1/3

JumpStart tiene dieciséis sesiones que fácilmente, pueden tomar seis meses para completarse. No te apresures ni fuerces la experiencia. Confía en que el material te lleva a secciones de la Palabra donde el Espíritu puede hablar.

ES UN VIAJE: 2/3

**Permite que Dios establezca el espacio.
Permita que Dios establezca la profundidad.
No te desvíes de las sesiones.
Permanezcan en la oración. Mantente en la Palabra.
Permanece en relación con tu alumno.**

ES UN VIAJE: 3/3

**Si establece expectativas estrictas
para su aprendiz espera frustrarse.
Si te sometes a ti mismo, a tu aprendiz y al proceso
de JumpStart al Espíritu de Dios,
¡te sorprenderán los lugares que él te dirige!**

Mateo 13:31-33 (NTV)

La siguiente es otra ilustración que Jesús usó: "El reino del cielo es como una semilla de mostaza sembrada en un campo. Es la más pequeña de todas las semillas, pero se convierte en la planta más grande del huerto; crece hasta llegar a ser un árbol y vienen los pájaros y hacen nidos en las ramas". Jesús también usó la siguiente ilustración: «El reino del cielo es como la levadura que utilizó una mujer para hacer pan. Aunque puso sólo una pequeña porción de levadura en tres medidas de harina, la levadura impregnó toda la masa».

Introducción al Modelo de Mentoría Jetro/Moisés.

Tengo 61 años y sigo aprendiendo a hablar con la gente. Se podría decir que he estado en un período de cuarenta años de recuperación. Mi padre sirvió en la policía militar. He sido boina verde, oficial de policía, vendedor de autos, director de eventos especiales, y pastor principal. Mis primeras pláticas de mentoría las tuve con el veterano boina verde sargento mayor J.C. Cooper. No eran realmente conversaciones. La mayor parte del tiempo, J.C. habló y yo escuché. Luego, Dwayne Bruce fue el oficial a cargo de mi formación el departamento de la policía de Glendale. De nuevo, él enseñó y yo escuché. Cuando me convertí en pastor, asumí que los cristianos querían oír la verdad, tener conversaciones honestas, y crecer hasta la madurez con Jesús. Duré muchos años en descubrir mi tonto error. A lo largo de los años, he participado en charlas que han ido bien. Otras veces se convirtieron en un accidente de tren.

Todas las buenas pláticas tienen algo en común con la conversación esencial que Jetro, el sacerdote de Madián tuvo con su yerno Moisés, el líder del pueblo de Dios en el Éxodo. Exploraremos atentamente los pasos que dieron Jetro y Moisés en su tiempo juntos que cambió la historia. Moisés estaba guiando a los hijos de Israel en el desierto. Él estaba haciendo muchas cosas por sí mismo. Se estaba fundiendo rápidamente. La gente estaba frustrada y las cosas estaban a punto de ponerse feas. En ese momento crucial, su suegro JETRO llegó de visita caminando por el desierto.

Esta parte de la Formación de Mentores JumpStart es el volumen que complementa JumpStart. Fue escrito pensando específicamente el mentor de JumpStart, o el líder de grupo pequeño. Sin embargo, los principios y los relatos son atemporales. Se aplican a los negocios, la iglesia, los deportes, el matrimonio, la paternidad, o las amistades diarias. Voy a confesar algunas fortalezas personales y algunas debilidades a medida que exploramos esta increíble experiencia conocida como mentoría, o discipulado.

Una buena plática puede cambiar totalmente el rumbo de tu vida. Pienso en los muchos momentos en mi vida donde la química fue correcta, y la transformación se llevó a cabo. Una ocurrió en la oficina de un reclutador del ejército. Otra tuvo lugar en una montaña en Puerto Rico. Una plática con Karen llevó a 38 años de matrimonio. Una en la oficina de mi pastor me envió a la escuela. Otra plática en la oficina de mi mentor me mantuvo en la escuela. Dos pláticas especiales me enviaron desde Fresno, CA a un seminario en la costa este. Pláticas en una casa en Poconos guiaron mi internado y establecieron normas de integridad en el Ministerio. Pláticas con mi mentor de D. min cambiaron radicalmente mi visión de la iglesia, del ministerio y del Reino de Cristo. Un comentario hizo nacer JumpStart.

Ruego que este libro te dé pasos y herramientas que te ayuden a tener pláticas que honren a Dios y cambien tu vida. Si eres un mentor, pastor, maestro, o entrenador: lee desde la perspectiva de Jetro. Examina el patrón que siguió Moisés en su ministerio. Si eres un miembro del personal, estudiante, discípulo o nuevo creyente, permite que este libro te dé la actitud y la sabiduría de Moisés.

En algunas dimensiones de nuestras vidas, somos Jetro. En otros, somos Moisés. Hay principios en el pasaje que vamos a explorar y que trascienden la posición. Ellos tienen el poder de retarnos a cada uno de nosotros no importa quiénes somos y no importa a qué ministerio Dios nos ha llamado. Que Dios te bendiga ricamente, te alimente, te anime, y te desafíe mientras pasas un tiempo con Jetro y Moisés. Advertencia: esta historia tiene el potencial de explotar la visión tradicional de liderazgo, deberes y estructura de la iglesia de un pastor, iglesia o denominación. Estoy orando que así sea. [Si este texto agita tu alma, conéctalo con hechos 6:1-7.]

¡Quehacer!

Toma un momento y piensa acerca de los asuntos personales en tu vida. ¿Hay alguien con quien necesitas hablar? ¿Hay alguien que necesite hablar contigo? ¿Hay alguna situación en tu familia, lugar de trabajo, equipo deportivo o iglesia? Escribe una nota describiendo la situación. Revísala cuando termines esta sección y ve si Jetro o Moisés ayudaron. ¡Oro para que el Espíritu de Dios te encuentre en Su Palabra y te hable claro!

EL ANUNCIO
Capítulo Cinco

> Éxodo 18:1-6 (NLT)
> Jetro, el suegro de Moisés y sacerdote de Madián,
> <u>se enteró de todo lo que Dios había hecho por Moisés y por su pueblo,</u>
> los israelitas; y oyó particularmente cómo el Señor los había sacado de Egipto. Anteriormente, Moisés había enviado a su esposa Séfora y a sus dos hijos de regreso a casa de Jetro,
> y él los había hospedado. (El primer hijo de Moisés se llamaba Gersón,
> porque cuando el niño nació, Moisés dijo: «He sido un extranjero en tierra extraña». A su segundo hijo lo llamó Eliezer, porque dijo: «El Dios de mis antepasados me ayudó y me rescató de la espada del faraón»). Así que Jetro, el suegro de Moisés, fue a visitarlo al desierto y llevó consigo a la esposa y a los dos hijos de Moisés. Llegaron cuando Moisés y el pueblo acampaban
> cerca del monte de Dios.
> <u>Jetro le había enviado un mensaje a Moisés para avisarle:</u>
> <u>«Yo, tu suegro, Jetro,</u>
> <u>vengo a verte, junto con tu esposa y tus dos hijos».</u>

Al principio de mi ministerio en Northpoint, un líder principal en el ministerio pidió una cita formal en la oficina. Usualmente charlamos en el pasillo así que esta petición elevó mi nivel de atención. Unos días más tarde, el presidente de la junta me dijo de paso, "nos vemos el martes". Indagué y me enteré de que me reuniría con el presidente, el presidente del departamento, y líder del ministerio. Resulta que había un antiguo pleito entre dos departamentos. Yo era joven, y posiblemente descarado, así que simplemente invité a la fiesta al presidente del otro departamento y al líder del ministerio. Posiblemente no haría lo mismo hoy. Pero todavía odio ser emboscado.

Me encanta reunirme con cualquier para lo que sea si tan solo me dicen de que desean hablar y quién viene. En otra ocasión un pilar de la iglesia entró en mi oficina, puso una grabadora pequeña en la mesa oprimió el botón de grabar y me dijo: "tengo unas preguntas". Hoy le habría dicho que toda plática que requiere una grabadora también requiere un par de miembros de la directiva, de confianza. Yo era joven, confiado, y optimista, así que respondí a sus preguntas. Tristemente, todos los pilares de la iglesia se enteraron de la plática y eso propagó las llamas que pusieron en peligro el ministerio.

Preparar a alguien es una pequeña cortesía que se ofrece, y se espera. "Oye Bob: estoy ansioso por las naves espaciales que está invadiendo la tierra. ¿Podemos Bill y yo invitarte a una taza de café y saber qué piensas? No hay estrés, ni drama, ni angustia, ni emboscada.

Jetro le dijo a Moisés que iba a verle. Eso, seguramente, no era necesario en ese entorno. Pudo haber sido sólo una cortesía, o una formalidad. Sin embargo, he estado en la rara posición pastoral de prepararme para una reunión, y luego ver un séquito inesperado entrar en mi oficina. He aprendido a lo largo de los años, que la gente sepa a quién traigo a una reunión. Las emboscadas son efectivas para destruir a un enemigo, pero raramente ganan a un amigo. Si voy a reunirme con un adversario para tener una conversación potencialmente conflictiva, me gustaría saberlo para poder prepararme justa y adecuadamente para el encuentro. También, para que todas las personas indicadas estén en la reunión para aprovechar al máximo el tiempo.

Esto es especialmente cierto en una conversación de mentoría donde la confianza y el respeto son los pilares fundamentales para la relación. En la mayoría de los casos, cuando un mentor se reúne con un alumno, se encuentran en una relación a largo plazo. Aunque haya momentos esporádicos de tensión, el tono general de su tiempo juntos debe ser relajado. Dos cómodos sillones, en una sala sin mascotas, televisores y niños pequeños, es un buen punto de inicio para una plática significativa. Café caliente, té frío, o un pequeño almuerzo puede mejorar casi cualquier conversación.

Así que, antes de ir a la reunión; haz tu tarea. Jetro "se enteró de todo lo que Dios había hecho por Moisés y por su pueblo". Puede o no haber sabido lo que quería decirle a Moisés, pero al menos conocía su situación. Es vergonzoso cuando alguien es atrapado tratando de hablar sabiamente en una situación de la que no saben nada. Es como el congresista americano que fue a Israel. Él estaba ofreciendo sus palabras de sabiduría en el centro de mando militar. Un general israelí lo llevó al mapa en la pared y le pidió que señalara dónde estaba. El mapa no estaba en inglés. ¡Cuando el congresista admitió que no sabía, el general cortésmente le sugirió irse a casa! La historia puede o no puede ser cierta, pero el punto es sólido. Si me dices por qué nos vamos a reunir, o yo te digo, entonces ambos tenemos el tiempo para prepararnos.

Tengo un miembro de la junta con el rasgo del Buscador de Fortalezas de "deliberación". Por un tiempo pensé que este hombre sólo le gustaba engañarme. Ahora, la broma es que la junta puede discutir algo el lunes y vamos a recibir un correo electrónico del hermano Doug el miércoles. Doug me ama a mí, a la directiva, a la iglesia y a Jesús. Él no está en contra de nosotros, ni está arrastrando sus pies. Sólo le gusta pensar las cosas antes de hablar. Yo soy un procesador auditivo. Cuando las cosas salen de mi boca, mi cerebro las evalúa. Proceso y ajusto en el momento. La mayoría de la gente no trabaja de esa manera. Si le avisamos a Doug antes de una reunión, le da tiempo para reflexionar, y estar listo. Así conseguimos su mejor comentario.

¿Alguna vez te han tomado de sorpresa o emboscado en una reunión?
¿Cómo se sintió?

_____
_____
_____
_____
_____

¿Ha sido positiva tu experiencia en reuniones de la iglesia, ambiente de liderazgo o encuentros pastorales?

_____
_____
_____
_____
_____

Mi oración es que tu experiencia en la iglesia siempre haya sido positiva, amable, honesta, sanadora, amorosa y compensatoria. Sin embargo, he hablado con suficientes creyentes para saber que no siempre es el caso. ¿Hay alguna raíz de amargura del pasado que necesites dejar ir para que Dios pueda usarte plenamente en el presente y en el futuro?

_____
_____
_____
_____
_____
_____
_____

ENCUENTRO, SALUDO, Y SENTADA
Capítulo Seis

> Éxodo 18:7 (NTV)
> Entonces Moisés salió a recibir a su suegro.
> Se inclinó ante él y le dio un beso.
> Luego de preguntarse el uno al otro cómo les iba,
> entraron en la carpa de Moisés.

La charla corta y la cortesía común pueden ser una forma de arte. También pueden ser un desastre. Yo vendía autos en Trans Ocean VW en Sierra madre, CA alrededor de 1983. Un esposo de treinta y algo y su esposa caminaba con seguridad en el predio y se dirigió directamente a un Acampador VW. El hombre me dijo que él y su esposa había estado buscando acampadores y les gustaba el VW. Esto fue increíble por dos razones. El acampador VW era caro y produciría un gran cheque. Además, yo tenía uno. El mío era más viejo y mucho más barato el nuevo, pero yo era un campista experimentado. Yo había viajado por Europa por seis semanas durante mi adolescencia en un Acampador VW. Yo estaba muy seguro de que esta venta era segura. Su coche, vestimenta, y comportamiento indicaban que eran compradores muy calificados.

Le mostré el área del conductor y el asiento del pasajero. Examinamos la parte trasera, hicimos la cama, y alzamos el techo elevadizo. Estábamos de pie detrás de la VW cuando comencé mi brillante cierre. Alcé la puerta trasera que reveló un bello espacio rectangular. Este tenía la parte posterior del asiento trasero alzada como un amortiguador. Le expliqué a la pareja lo perfecto que era el área al convertirse en un moisés para su nuevo bebé. "Con la puerta trasera cerrada por supuesto", agregué. ¡Estaba listo para cerrar el trato!

De repente, la mujer se volvió sin sonreír y se fue del predio. El marido me sonrió avergonzado y en voz baja dijo: "ella no está embarazada". Me sentí mal por insultar a la mujer, y por perder una gran comisión. Hoy en día espero hasta que estoy en la sala de partos para preguntar acerca de si una señora está embarazada.

¿Cuál es el punto?
Moisés salió a saludar a su suegro.
Se inclinó y lo besó.
Preguntaron sobre el bienestar mutuo.
Luego entraron en la tienda.

Su saludo, reunión, hablar y compartir fue romper el hielo. A pesar de que Moisés había pasado cuarenta años atendiendo las ovejas de Jetro, estaba casado con su hija, y era el padre de sus nietos, él puso en práctica una cortés urbanidad.

Mi feliz lugar emocional ya no está físicamente accesible para mí. Un destacado locutor lo compró cuando mis abuelos se mudaron a una casa de retiro. Él no me conoce y si me presento y pido sentarme en su estudio, las cosas pueden salir mal. Era diferente cuando mis abuelos vivían allí. Viví en su casa de niño y dormí en el viejo sofá del estudio. Era el viejo tipo de sofá que hacía clic cuando alzabas el asiento. Podías sacar las cobijas de lana que estaban debajo. Ya que estas estaban llenas de bolas de naftalina, el sofá siempre tenía un olor muy definido. Cuando mecías el asiento de nuevo, este volvía a hacer clic y se desplegaba convirtiéndose en una cama. La chimenea al otro lado del sofá permanecía encendida gran parte del invierno. Mi abuelo prefería el roble, así que normalmente había una gran cantidad de carbones que iluminaban la habitación cuando me iba a la cama.

Cuando yo era un oficial de la policía de Glendale mi ronda me llevaba más allá de la casa de mis abuelos. Aún no había teléfonos celulares, pero mi reloj sabía fielmente a qué hora era el almuerzo o la cena. Cuando el abuelo me veía estacionar mi radiopatrulla, le decía a mi abuela que pusiera otra bandeja de televisión. Cuando me sentaba en el viejo sofá el tiempo se detenía. Podía hablar con mis abuelos de todo. Me amaban en esa casa. Era mi lugar más seguro en el mundo. Confieso que aún manejo por allí cuando estoy en Glendale. El frente de la casa se ve más o menos igual. Si cierro los ojos puedo oler el sofá, oír el fuego, y ver a mi abuelo en su silla fumando un puro mientras la abuela termina de preparar una comida.

El entorno de toda plática es muy importante. El tiempo, el lugar, el entorno y las personas presentes pueden decretar el éxito o fracaso de la tarea. Por favor, no trates de hablarme si tengo hambre, sed, cansancio, enojo, o ando distraído. Hay momentos en que las pláticas, y los momentos de enseñanza, deben ocurrir en ambientes terribles. La gente me ha gritado en bodegas, aviones, barcos y coches de policía. Sin embargo, si tienes tiempo de escoger el sitio: que sea cómodo, apacible, sereno, y propicio para la mentoría que deseas realizar.

Otros encuentros pueden ser eventos de una sola vez con el poder de determinar el destino. En 1991, vivía en Fresno, California. El seminario al que había estado asistiendo cerró, y el trabajo que tenía desapareció. Estaba buscando la voluntad de Dios, pero no progresaba mucho. Judy era la secretaria del pastor principal de la iglesia People´s Church. Ella me dijo con autoridad que yo debía ver al pastor. G. L. Johnson tenía miles de miembros que atender, pero de alguna forma, apartó el tiempo para verme. Recuerdo haber tenido miedo y me impresionó cuando entré en la gran oficina del pastor principal de la iglesia grande.

Recuerdo haber estado prontamente cómodo en su oficina, y en su presencia. No hubo intimidación ni actitud. Sólo había una muy calmada seguridad, y un profundo sentido de que estábamos juntos para reunirnos con Jesús, y hacer algo muy importante. G. L. me pidió que relatara mi historia. Escuchó atentamente mientras le compartía sobre distintas escuelas, iglesias y denominaciones. No interrumpió, vio su reloj, jugó con su teléfono, o registró en su escritorio. Me miró y me escuchó como si fuéramos las únicas dos personas en el planeta. Hablé de aceptar a Cristo bajo un capellán pentecostal, servir en la Capilla Memorial JFK, asistir al Colegio bíblico L.I.F.E., Universidad Azusa Pacific, seminario Fuller, una iglesia independiente, un seminario carismático, y de ser licenciado en una iglesia bautista tradicional. Yo fui casado con Karen por predicador de la Four-Square en el cementerio Forest Lawn. Cuando concluí mi relato, G. L. sonrió calidamente y habló palabras que literalmente me dieron dirección y cambiaron el rumbo del resto de mi vida. Él dijo: "todo el mundo te ama, pero nadie te quiere. Hay un sistema exclusivo, y tú no estás en él. Necesitas escoger una denominación, asistir a su seminario de primera clase, y cuando te gradúes, tus dones te harán un lugar".

Me encuentro en las montañas de Fresno, CA mientras escribo esto. De camino a donde estoy, pasé por la iglesia People´s Church. Han pasado más de veinticinco años desde que oí esas pocas frases. Hay lágrimas en mis ojos mientras escribo porque estoy convencido que el Espíritu Santo abrió su boca para hablar y mis oídos para escuchar. Gracias, Judy, por hacerme tomar esa cita. Gracias, G. L., por escuchar y hablar a mi vida. Un hombre, una hora, y una conversación resultó en una vida cambiada. Esa plática hizo que me mudara al otro lado del país y que regresara al seminario. ¿Existiría JumpStart si no hubiera asistido al Seminario Bautista del Este y a la Primera Iglesia Bautista de Woodstown para un interinato bajo el Dr. Howard Taylor? Y, esa travesía abrió las puertas a mis veintiún años en Northpoint. ¡Sólo Jesús sabe el significado e una hora para Su Reino!

¿Cómo eres para reunirte, saludar, y escuchar?
¿Qué tan bien preparas el escenario para conversaciones tan importantes que sólo la eternidad conoce su valor?

_____
_____
_____
_____
_____
_____
_____
_____
_____
_____

COMPARTE TU HISTORIA
Capítulo Siete

> Éxodo 18:8 (NTV)
> Moisés le contó a su suegro todo lo que el SEÑOR les había hecho
> al faraón y a los egipcios a favor de Israel.
> También le habló de todas las privaciones
> que habían sufrido a lo largo del camino y de cómo
> el SEÑOR había librado a su pueblo de las dificultades.

Leí sobre una mujer que inventó una historia y salió a visitar pastores. Lo triste es que no recuerdo dónde lo leí. No obstante, ella llegaba a la oficina de un pastor, iniciaba su historia y en secreto, un cronómetro. Ella reporto que el pastor promedio oía durante 90 segundos antes de hablar. Hace años, yo estaba sentado en una banca del Campamento Cristiano y Centro de Conferencias Thousand Pines, en Crestline, CA. Era tarde por la noche y había varios empleados universitarios sentados alrededor. Indagábamos sus sueños y esperanzas. Me gusta preguntar a los jóvenes: "¿a qué escuela vas? ¿Qué estudias? ¿Qué deseas ser cuando crezcas?" Esto sucede en restaurantes con la mesera o el mesero, en el lavadero de coches, sitios de comida rápida, aeropuertos, tiendas; en todo lugar. Uno de los empleados del campamento me dijo: "pastor Paul, gracias por hablar con nosotros". Respondí que ellos deben hablar con pastores todo el tiempo. Su réplica hirió mi corazón. "No, a menudo están muy ocupados y en realidad no desean hablar con nosotros de todos modos". ¡Ay!

Moisés le dijo a su suegro "todo lo que el Señor les había hecho". Creo que fue una larga historia. Jetro se sentó y escuchó todo. Oyó hablar del conflicto, el escape, el rescate, y las penurias en Egipto. Veinte minutos sería breve relato del Éxodo. Una hora sería legítima. Agrega preguntas y esta pudo haber sido una larga plática. Pero Jetro escuchó. Si Jetro lo hubiera cortado, cambiado de tema, o chequeado su reloj solar, dudo que Moisés hubiera continuado contándole "todo".

Mi amigo Michael es mentor, entrenador, pastor, y sargento mayor del ejército, jubilado. Nos conocimos en 1978 y nos conectamos milagrosamente de nuevo en 1992. Puedo llamar a Michael en cualquier momento y abrirle mi corazón. Él escucha y ama a Dios. Michael hace preguntas y extrae todo el relato. Mi amigo Dave es igual. Él me preguntar cómo estoy, y luego escucha mi respuesta. Nunca me siento cortado o apurado. Me siento oído, afirmado, amado y atendido. Cuando Dave o Michael hablan, estoy listo para escuchar, respetar y procesar lo que quieran decirme. Ellos hicieron su parte escuchando y se ganaron el derecho de hablarle libremente a mi vida, por el tiempo que quieran, sin que yo los corte o los detenga. Son hombres que respondieron al gemido de Job. **Job 31:35A (NTV) "¡Si tan solo alguien me escuchara!"**

Durante mi tiempo en la primera iglesia Bautista en Woodstown, NJ, tuve el privilegio de internarme bajo el Dr. Howard Taylor. Él fue el supervisor del centro de laboratorio durante mis dos últimos años de estudio en el Seminario Eastern. [Hoy, Palmer Seminary.] Howard tenía una cabaña en las montañas Poconos al este de Pensilvania. Algunas de mis pláticas más espirituales y momentos de real transparencia sucedieron mientras conducía un coche, sentado junto a un lago, o caminando a la presa de castores cerca del río. Howard y yo habíamos dejado la oficina, lejos de los teléfonos, y lejos de la gente. Podríamos pasar un par de días y noches leyendo, pensando, nadando, navegando, y hablando. Podíamos dialogar un rato, y luego procesar en privado. Había comodidad con las palabras o el silencio mutuo. No sé si la mentoría de Howard era estratégica, o sólo una expresión orgánica de quién era. Pero yo amaba esos tiempos, y ellos afectaron hondamente mi alma.

Howard me dio uno de los momentos de aprendizaje más profundos de mi vida. Escuché y aprendí por su amor por mí. Escuchó tan bien y se preocupó tanto por mí que Howard podría haberme dicho cualquier cosa. Tuvimos una plática robusta y difícil sobre la alabanza. Se puede decir que fuimos apasionados y profundos en el tema. Un día más tarde, Howard me llamó a su oficina, me sentó y me hizo una pregunta que cambió mi vida. Ten en cuenta que pudo haberme regañado, despedido o reprendido por escrito. No lo hizo. Más bien, se preocupó lo suficiente para hacer una pregunta.

"En una escala de intensidad de 1-10, con diez siendo lo más alto, ¿dónde pondrías la conversación de ayer?", preguntó. Pensé un minuto, y respondí: "un tres o un cuatro". Howard me dijo que estaba en un ocho o nueve. Me reí. Howard me pidió que defina mi escala de conflicto 1-10. Ten en cuenta que he sido soldado y policía. Teniendo en cuenta mi formación y experiencia le dije a Howard, que nuestro tipo de charla fue uno o dos, una diversión, nada grave. Tres, es abordar algo de valor. Cuatro, es participar en algo apasionado incluso bullicioso, sin enojo. Cinco a seis, tiene un nivel creciente de emoción. Siete, ve el potencial de llegar a lo físico, la ira y las voces elevadas. Ocho, quizá implica empujar, luchar y defender. Nueve, es golpear, luchar, eliminar, y llegar a lo físico por completo. Aparecen un nivel progresivo de armas. En el diez, muere alguien.

Howard estaba sorprendido. Él no era un gritón, nunca había peleado, y la idea de golpear a alguien con una macana no le pasaba ni por la mente. Fue un momento asombroso de revelación. Uno que nunca he olvidado. Cuando soy ruidoso, activo, y disfruto de un debate, es muy posible que personas normales, que no han pasado tiempo dentro de una fosa en un combate Boina Verde de mano a mano, puedan sentirse incómodas. Esta es una de esas lecciones en que aún estoy trabajando. El punto es que la gente que escucha nuestras historias, y hacen preguntas honestas, tiene el potencial de traer a nuestras vidas un aprendizaje transformacional.

¿Cómo escuchas? ¿Te involucras y dejas que la gente termine? ¿o eres una máquina de textos, que mira el reloj, o limpia la gaveta?

UN MENTOR INCONDICIONAL
Capítulo Ocho

> Éxodo 18:9 (NTV)
> Jetro se alegró mucho al oír de
> todo el bien que el SEÑOR había hecho por Israel
> al rescatarlo de las manos de los egipcios.

El apóstol Pablo nos desafía a "Alégrense con los que están alegres y lloren con los que lloran" Romanos 12:15 (NTV). Tristemente, muchas personas, incluyendo a los cristianos, hacen un trabajo mucho mejor de llorar con los que lloran, que alegrarse, o regocijarse, con lo que se regocijan.

Quizá son los celos, la duda, la pequeñez, la mala educación, la crianza, la envidia de clase, o algo más profundo. Pero por alguna razón, hay gente que no puede alegrarse por la buena fortuna de los demás. He visto a gente obtener un carro, trabajo, casa, promoción, herencia, ministerio, u otra bendición, pero la gente, responde negativamente. A veces piensan: "¿por qué no yo?". ¿Por qué no obtengo yo esas cosas buenas? Otras veces es sutilmente espiritual. ¿De veras necesitas un carro, casa, trabajo, etc.? Luego están los resentidos silenciosos. Cuando alguien testifica del gozo en su corazón, el silencio sombrío, es letal. La mirada agria en mi rostro y mi silencio pueden aplastar el momento glorioso de otro.

Quizá, Jetro realmente vivió su sacerdocio. [Éxodo 3:1] Tal vez entendió el significado de los vínculos familiares. Su éxito en los negocios como dueño de ovejas y empleador, puede haber ampliado el ámbito de su propia personalidad. No sabemos lo suficiente como para decir por qué, pero Jetro era un hombre espiritualmente magnánimo que podía "deleitarse" en todo lo que Dios había hecho con Moisés. Jetro vivificaba, no era un ladrón de la alegría.

En 2007, Karen y yo tuvimos acciones que subieron mucho. Venderlas, habría creado una gran carga tributaria. Con el consejo de asesores financieros, familiares, amigos y la Junta de nuestra de la iglesia, compramos una casa más grande. Era nuestra casa de ensueño. Mi plan era vender acciones cada año, pagarla, y cosechar el beneficio tributario. Cuando la economía se vino abajo, las acciones bajaron a cero. En el 2010, nos vimos forzados a deshacernos de nuestra case de ensueño y regresar a Cal Vet.

Es instructivo ver lo que sucedió con la compra, la edificación y la pérdida de nuestra casa. Nuestros amigos estaban contentos por nosotros. Llegaron a la casa en construcción y caminaron por el terreno, oraron, y soñaron con nosotros. Hablamos de Células y barbacoas. Otros reaccionaron de manera muy diferente. Un joven de la iglesia me acusó de mentirle a la congregación. "¿Cómo?" Le pregunté. "Le dijiste a la congregación que te mudabas a la ciudad de Highland, "respondió". "¡Así es!" le dije. "No, te estás mudando a East Highlands Ranch". Respondí: "East Highland's Ranch es una Asociación de Propietarios. Me mudo a la ciudad de Highland. Y, además, la gente de la iglesia me está ayudando a moverme. ¿Cómo puedo mentirles acerca de dónde vivo si vienen a mi casa y me ayudan a moverme?" Es difícil ocultar su dirección de la gente que viene a tu casa.

Quedé atrapado en la lógica del momento y no noté que esto era un asunto del corazón. Este joven estaba loco, celoso, y apagado porque yo había comprado una casa más bonita que la de él, en un área poco mejor. Él vivía en Highland, pero no en la Asociación de Propietarios de Casas East Highlands Ranch. Yo olvidé el asunto, pero para él era una raíz de discordia. Con el tiempo, dejó la iglesia declarando en voz alta que yo era un mentiroso.

Otros en mi familia, la iglesia, y un círculo de amigos celebraron y lloraron con nosotros cuando nos mudamos. Es triste mirar hacia atrás y darse cuenta del impacto de eventos gozosos en las relaciones. Los compañeros de trabajo pueden amargarse sobre sueldos o promociones. Los atletas pueden derretirse por una posición. Los celos entre la bailarina estelar y la suplente son legendarios. Aún en la iglesia puede haber ansiedad sobre quién dirige un área especial del ministerio.

Como mentores, debemos evaluar nuestros titubeos, celos mezquinos y tramas personales. Nuestro llamado y privilegio es ser el mejor campeón que nuestro alumno haya conocido. Nuestro alumno jamás nos dirá de sus esperanzas, sueños, temores y éxitos, hasta que sepa que es muy seguro hacerlo. La alegre seguridad de Jetro permitió la honestidad de Moisés.

En lengua hebrea, Jetro *hada* con Moisés. Se regocijó, se alegró, y se unió con él en la celebración de lo que Dios había hecho. Cuando sucede algo bueno con tus alumnos, debes regocijarte, alegrarte, y unirte a ellos en su momento de gozo. Cuando los levantas les das un mayor permiso para abrirse, soñar y celebrar.

Un poco de introspección y autoanálisis. ¿Cómo te gozas con los que se gozan? ¿Hay cosas que quizá necesites superar en tu propia vida para ser un mentor eficaz de alguien más?

COMIDA, DIOS, Y ADORACIÓN
Capítulo Nueve

> Éxodo 18:12 (NTV)
> Luego Jetro, el suegro de Moisés,
> presentó una ofrenda quemada y sacrificios ante Dios.
> Aarón y todos los ancianos de Israel lo acompañaron
> a comer lo que fue ofrecido en sacrificio en presencia de Dios.

A quién y cómo adoró Jetro, va más allá del alcance de este proyecto. Supongo, que para el capítulo 18 Moisés, ya comprende mejor a Quién le está sirviendo. Yo creo que cuando Jetro trae sus ofrendas y sacrificios a Dios, él los está ofreciendo al Dios de Israel, junto con Moisés su anfitrión. Cualquier otra cosa habría sido un insulto. Cuando Aarón y los ancianos se unen a la comida sacrificial, sugiere claramente que Yahvé es de hecho la Deidad en cuya presencia y honor se come la comida. Dicho esto, permítanme extraer libre y ampliamente del texto.

La comida puede cambiar el ritmo y el entorno de una plática de mentoría. Los técnicos gritan a los jugadores y jefes ocupados a menudo les gritan a los empleados en la oficina. Éstas pueden ser un tipo interacciones rápidas. Es posible que la comida sea un bocado rápido. Pero si se utiliza correctamente, una comida puede cambiarlo todo.

La mesa, trae recuerdos que me regresan a la casa de mis abuelos. Bruno, salía a comprar pan Weber en los años 50 y traía a casa "pan del día anterior". Mis primeros recuerdos del desayuno de la niñez incluyen el olor del café, el pan tostado, la mantequilla, y la jalea. La jalea de albaricoque-durazno sobre el pan tostado goteando mantequilla me recuerda los granulados armarios de madera, el linóleo de azulejos rojos, y la estufa de cuatro hornillas usada para calentar la cocina. Las puertas corredizas se cerraban para guardar el calor durante el desayuno. Las mañanas eran rápidas, pero cálidas e íntimas en ese grato entorno.

Las cenas formales con mis abuelos eran muy diferentes. La abuela cocinaba papas asadas, verduras y galletas. El abuelo ayudaba viendo la carne. La hora de cortar, era para mí y el abuelo en el pórtico de servicio. La tabla de cortar estaba la lavadora cerca de la puerta que conducía fuera de la cocina. Yo era el coconspirador en el momento mágico de cortar o arrancar la última corteza de cualquier glorioso tesoro que salía del horno. Jamón en la pascua, pavo en navidad, y a veces, una carne asada o costilla de cordero. Esas primeras masticadas en el pórtico trasero al lado de mi abuelo eran mágicas. Daría cualquier cosa por hacerlo de nuevo.

Cuando adultos se sentaban a la mesa, yo siempre me sentaba a la izquierda de mi abuelo. Allí en la esquina, yo era el único niño escuchando la plática de adultos. Vino, cena, postre y café con crema real y azúcar real. Debates sobre deportes, política y negocios familiares. Me encantaron esos increíbles momentos de plática y lazos familiares. Esas experiencias fijaron el modelo en mi mente de lo que puede y debe ser una comida. Podía haber un gran debate, incluso voces alzadas sobre los Rams, los Lakers, los estúpidos republicanos, o esos malditos demócratas. El abuelo era miembro de la unión y el tío Harold estaba en la gerencia de la compañía de gas. No podían estar más alejados en lo político. Pero el tiempo alrededor de la mesa me enseñó que siempre fuimos familia. Nada de lo que allí se decía hubiera evitado que cualquiera de esas personas me ayudara sin importar mi necesidad. Esa mesa era un lugar totalmente seguro. Puedo cerrar los ojos y oírlo, olerlo, y verlo.

Lo único que faltaba en la mesa de mis abuelos era Dios. Cuando crecimos Dios no era parte de la historia. Mi tío homónimo había sido asesinado cruzando San Fernando Road en su camino a visitar a Bruno en la panadería. No fue hasta que volví del ejército ya como creyente, que me enteré del dolor de mi abuelo y su ira contra Dios. "¿Quién es Dios para llevarse a mi hijito?" preguntó una noche. La única respuesta que pude dar, fue decir: "el que dio a Su único hijo para pagar por tus y mis pecados en una cruz".

Años después, mientras me preparaba para el ministerio, mi abuelo me encaró diciendo: "Si vas a ser un predicador, tendrás que preguntarles a los hombres si conocen a Jesús". Respondí mirando a mi amado abuelo justo a los ojos y preguntándole: "¿conoces a Jesús?" Se sentó callado durante unos minutos, y luego me miró de nuevo y en voz baja dijo: "sí".

Creo que Dios usó a mis hijos para traerlo de nuevo a nuestra mesa familiar. Estábamos en el hogar de familiares y mis niños pequeños miraban alrededor y decían: "¿no vamos a orar antes de comer?". Uno a uno, los dominós empezaron a caer. La oración se convirtió en parte de casi todas las comidas familiares.

Hoy soy el miembro más viejo de los clanes Sandifer, Christensen y Reinhard. Ahora tengo el privilegio, el deber, el derecho y la responsabilidad de llevar a Dios a la mesa. Hablamos de la Natividad en Navidad y la resurrección en la Pascua. "¿Qué aprendiste en el programa de niños hoy?" es siempre una buena pregunta para el almuerzo del domingo.

Siempre debes cuantifica el grupo con el que estás: el nivel de intimidad de mentoría que has logrado y lo apropiado del entorno. Pero cuando sea el momento adecuado: invita a Dios para que sea lo principal en tu comida de mentoría. Las comidas y las pláticas pueden ser poderosas de muchas maneras en sí mismas. Pero cuando tú, tu alumno, o tu grupo se reúnen para Dios y la comida, habrá una franqueza Santa e intimidad rara vez igualada por cualquier otro entorno. Cuando tu alumno esté listo, no pierdas la oportunidad de traer a tu círculo a otro hombre o mujer, según corresponda. La confianza, paz, relación, y hermandad que compartan en la mesa, serán sentidos y vividos por la nueva adición. La vivencia bien puede abrir la puerta para una relación de mentoría propia. Si estás en un entorno secular, como de negocio, puedes inclinar tu rostro para un momento en silencio. Si la persona con quien estás abre la puerta con una pregunta: entra. Si no, sólo coman.

(Advertencia: si por necesidad, tu mentoría involucra a alguien del sexo opuesto, cuídate del oculto peligro inherente a la intimidad de comer. Cuando yo era un pastor juvenil en la Iglesia Bautista de Sunland, me reuní con mi interna en una mesa visible de Jack in the Box. Un miembro mayor me preguntó si era una buena idea. Respondí: "sí. Mi oficina está en una esquina del segundo piso, al lado del balcón. El área está sola la mayor parte del tiempo. Mi esposa y el pastor principal saben exactamente qué hora y día pueden buscarme en el Jack in the Box en el boulevard Foothill". Está cercaa, así que no involucra carros. Era el lugar ideal para reunirme con mi joven y atractiva interna universitaria.)

Una comida sacrificial compartida en grupo podría ser algo más que una plática. Osaré llamarlo adoración. Piensa en Jesús partiendo el pan con las masas, con los doce en la última cena, o friendo el pescado con Pedro en la playa. Algo muy poderoso sucedió. Igual puede suceder en tu círculo familiar: en Navidad, la Pascua o el Día de Acción de Gracias. Los cantos, o escrituras pueden ahondar, enriquecer y expandir el significado de reuniones normales. Sé sabio en los entornos seculares, pero si es apropiado, invita a Dios a la mesa.

Reflexión:

¿Qué recuerdos tiene para ti la mesa familiar? Para algunos esto será fácil. Otros recuerdos tristes de relaciones familiares fallidas. Deja que mi relato abra tu corazón a un nuevo modelo. Sé abierto a la sanidad y al aprendizaje de una nueva tradición.

_____

_____

¿Cómo podrías traer a Dios a tu tiempo en la mesa?

_____

_____

¿Cómo puede Dios ser más prominente en los festivales familiares que supervisas?

_____

_____

Un Pensamiento Más:

Con los años, Dios ha traído gente a la vida de Karen y mía, especialmente parejas jóvenes. Hemos adoptado niños que pasan cumpleaños, días festivos, y más, en nuestra casa. Tienen "derechos de refrigerador". Entre más viejo, más entiendo la bendición que me dio mi familia biológica. Piensa que tu alumno, u otros que Dios te traiga, pueden necesitar que modeles una nueva forma de hacer familia. Tu amor y aceptación tienen inmenso poder.

HAZ LA PREGUNTA NECESARIA

Capítulo Diez

> Éxodo 18:14 (NTV)
> Cuando el suegro de Moisés vio todo lo que él hacía por el pueblo, le preguntó: ¿Qué logras en realidad sentado aquí? ¿Por qué te esfuerzas en hacer todo el trabajo tú solo, mientras que el pueblo está de pie a tu alrededor desde la mañana hasta la tarde?

Es crucial ver que estamos en el capítulo diez y el verdadero asunto está por llegar. Jetro y Moisés, se: saludaron, compartieron, escucharon, comieron, adoraron y conectaron. Ahora, ya con varias etapas en el proceso, Jetro va a soltar la pregunta. Sé que este patrón no siempre es posible. Esto no funciona en un entrenamiento de combate, trabajo diario de oficina, práctica de fútbol, o incluso la crianza de sus hijos. Pero si la visita de Jetro a Moisés fue el punto clave en el ministerio del más joven, entonces el modelo tiene relevancia para todos nosotros de alguna forma.

Hace años, mi esposa trabajaba en la oficina de la iglesia. La gente entraba y le gritaba sin sentido. Excesivos tipos de fuentes en el boletín. La música era muy ruidosa. El pastor predica muy largo. ¡Lo que fuera! Karen se desahogaba conmigo más tarde, "¡todo está en la manera". Usualmente no le afectaba lo que decían, sino cómo lo decían.

Jetro pasó tiempo con Moisés. Fue su sombra. Hubo conocimiento de primera mano del problema. Y permíteme decir de nuevo: hubo saludo, comunión, comida, intercambio, escucharon, adoración, y una conexión profunda. En ese contexto de respeto mutuo, Jetro sondea: "¿Qué estás realmente LOGRANDO aquí y POR QUÉ estás TRATANDO de hacer TODO esto SOLO?" Si invertimos el texto permitiendo que hable claro, podría decir: "¡ESTÁS TRATANDO DE HACER ESTO POR TI MISMO SIN LOGRAR NADA!"

Esta pregunta va al centro mismo de la vida de un líder, de tu vocación y de tu sentido de logro. Sugiero que hay una profundidad introspectiva a esta pregunta que contiene el poder de destrozar el ego de una persona. Imagina a tu jefe, cónyuge, técnico, o colega que le mira claramente a los ojos cuando estás haciendo lo más importante que haces y te pregunta: "¿qué estás haciendo? ¿Qué estás logrando? ¿Por qué estás haciendo lo más importante que crees que haces de la forma en que lo estás haciendo? ¿Por qué, si eres el líder, todas estas personas están sin hacer nada? La inferencia no tan sutil de las preguntas, ¡es que estás arruinando y no dando la talla! ¡Ay! ¡No sé tú, pero esas preguntas tendrían el potencial de volarme! Sin embargo, Jetro estuvo dispuesto a preguntar.

¿Cómo procesas internamente a alguien que entra en tu espacio y hace una observación incisiva respecto a ti?

_____
_____
_____
_____

¿Cómo entablas una plática con la fuente de la crítica?

_____
_____
_____
_____

¿Hace alguna diferencia tu método? ¿Qué quieres de la gente que habla a tu vida? ¿Cómo puedes mejorar tu forma de hablar a la vida de los demás?

_____
_____
_____
_____

Pensamiento:

Todos somos diferentes. Algunas personas gestionan la corrección cruel como que si nada. Otros se marchitan y se apagan con una simple palabra. Tú aprenderás acerca de su alumno a medida que avanzan. Siempre es mejor hablar con gentileza, y explorar lentamente los límites de la relación. Están en un viaje juntos. Evita dañar la relación a largo plazo mediante la entrega prematura de una palabra de corto plazo. Oren por sabiduría siempre, y confíen en que Dios los guíe. Presta atención a su lenguaje corporal. Puede ser un buen indicador de la receptividad de tu alumno. Llaves en mano, mensajes de texto, y miradas por la ventana indican que seguramente terminaron con la conversación. Capta las pistas y guarda el resto de tus pensamientos para la próxima. [Más información sobre el lenguaje corporal en el capítulo trece.]

RESPONDE LA PREGUNTA
Capítulo Once

> Éxodo 18:15-16 (NTV)
> "Moisés contestó:
> Porque el pueblo acude a mí en busca de resoluciones de parte
> de Dios. Cuando les surge un desacuerdo, ellos acuden a mí,
> y yo soy quien resuelve los casos
> entre los que están en conflicto.
> Mantengo al pueblo informado de los decretos de Dios
> y les transmito sus instrucciones."

En 1980 fui contratado por el Departamento de policía de Glendale y enviado a la Academia del Sheriff del Condado de los Ángeles, clase 200. La aptitud física fue esencial para nuestra formación. Recordar traer una toalla para las duchas era clave en el programa. Los oficiales de formación nos dijeron claramente que, en ninguna circunstancia podíamos, tocar los estantes donde estaban sus blancas, olorosas y bien ordenadas toallas. Después de una larga y sudorosa carrera por las colinas del este de los Ángeles, con todo nuestro equipo táctico, nos dejaban ducharnos y mudarnos para más instrucción en el aula. Al quitarme mi apestosa y sudorosa ropa de EF noté que había olvidado mi toalla. Ya que soy creativo para solventar problemas, decidí tomar una toalla usada del canasto de lavandería. Okay, sé que es repulsivo y puedes quejarte y juzgarme, si quieres. Pero yo apestaba de sudor y necesitaba ducharme. No tenía toalla. No me atreví a tomar una limpia del estante de los oficiales. Hice lo debía. Me duché, me sequé con una toalla sucia, me vestí, y volví al salón de clase. Me senté con los demás cadetes y esperé el inicio de la siguiente clase.

El comisario salió e inició la clase con una pregunta: "¿Quién de ustedes _____ __ ____ olvidó su toalla? Permanecí sentado con un terrible dilema dentro de mi cabeza. Evitar la atención, el estrés, dificultad y situaciones con los oficiales de formación era clave para la supervivencia. En perjuicio mío, alcé mi mano. El comisario me dijo que me levantara. Allí estaba de pie, en una sala llena de cadetes sentados. Mi peor pesadilla cobró vida. Toda mi experiencia de formación en el ejército de los EE.UU. me gritó por estar en este momento de alta visibilidad. Anhelé un lugar para esconderme.

El comisario me gritó por ser un asqueroso ser humano que se secó con la apestosa toalla de otra apestosa persona. La clase reía mientras el comisario me regañaba. Luego miró a la clase y le preguntó: "¿alguien más olvidó su toalla?". Esperó a ver si alguien respondía. Nadie lo hizo. Luego dijo estas palabras fatídicas. "¡Vayan por sus toallas!" Me dijo que me quedara de pie mientras el resto de la clase corrió a obedecer su orden. Cuando los cadetes volvieron los dirigentes de formación recorrían el salón como tiburones en busca de toallas. Aquellos con toallas se les ordenó sentarse. A los que volvieron sin toallas se les ordenó continuar de pie. Cuando todos estaban en su lugar, había a mi alrededor siete cadetes de pie. El comisario me gritó: "¡eres un sucio estúpido _____! ¡Pero eres honesto _____! "Siéntate! Mi calvario había terminado. Había sido corto, feo y vergonzoso. Pero terminó. Habían terminado conmigo. Los comisarios enfocaron sus penetrantes miradas y crueles palabras hacia los "MENTIROSOS" entre nosotros. Los siete cadetes de pie soportaron EF adicional, acoso mental, abuso verbal y días más largos. Varios de ellos se largaron. Podría decirse que "¡tiraron la toalla!" Yo no sufrí ningún daño fijo.

Cuando Jetro le preguntó a Moisés lo que estaba haciendo y logrando, fue seguramente un momento incómodo para el líder elegido de Dios. Esa pregunta de su suegro podría haberle vuelto loco, inseguro o avergonzado. Habría sido fácil para Moisés dar un discurso sobre quién era y cómo Dios lo había usado de una manera poderosa hasta el momento. Habría sido fácil para él para salir con algo así como: "tú conduces ovejas. ¡Yo lidero hombres! ¿Quién eres tú para interrogarme? ¿Dónde estabas cuando me separé del Mar Rojo?" He escuchado a líderes que usan: "¡Soy el hombre de Dios!" para cubrir malas decisiones y mal comportamiento. Jamás permitas que tu ego se esconda detrás de tu título o posición.

No conocemos la forma de pensar o las emociones de Moisés, pero sí vemos su respuesta. Moisés dio cuenta honesta, exacta, razonable y directa de su liderazgo actual. Se abre a la palabra de corrección que está a punto de llega. Moisés tuvo la fuerza emocional, intelectual y espiritual para gestionar la autoevaluación rigurosa.

¿Cómo tratas la pregunta difícil? Cuando tu: esposa, padres, hijos, jefe, entrenador o mentor te piden que respondas por lo que estás haciendo y por qué lo estás haciendo, ¿cómo respondes? ¿Eres como el adolescente que responde a las preguntas de sus padres con réplicas como: "ya, más tarde, amigos, por allí, y yo no sé?" O, ¿respondes por sus acciones con respuestas honestas y completas?

___
___
___
___
___
___
___

Si tienes dificultad con la vulnerabilidad
intenta hacer la oración de David en el Salmo 139:23-24 (NTV).

Examíname, oh Dios, y conoce mi corazón;
pruébame y conoce los pensamientos que me inquietan.
Señálame cualquier cosa en mí que te ofenda
y guíame por el camino de la vida eterna.

¿PUEDES DIBUJAR LA VULNERABILIDAD?

UNA PALABRA DE CORRECCIÓN
Capítulo Doce

> Éxodo 18:17 (NTV)
> —¡No está bien lo que haces! —exclamó el suegro de Moisés—.

En el otoño se 1974 cerca de 150 hombres salieron al campamento Mackall, C.N. para la fase inicial de formación de Fuerzas Especiales formación. Un mes más tarde veintiocho salieron en la foto de graduación. Unos desistieron mientras que otros volvieron al fuerte Bragg en ambulancia. Cosas se quebraron durante la formación. En ese mundo violento de, correr, golpear, escalar, y de paracaidismo, la idea de ser herido con palabras es absurda.

Durante mi estadía en el ejército de los EE. UU. me gritaron y me insultaron. También fui entusiasmado y animado. Las cosas a menudo ocurrían en el momento. No había ninguna preparación de antemano ni reflexión después de lo hecho. Simplemente sucedió en el momento espontáneo. Si el hombre delante de mí no subía la rapidez debida, le gritaba. Si el hombre detrás se rezagaba, le gritamos. Si las cosas salían bien, gritamos. Éramos ruidosos, coloridos, directos, y totalmente sin filtro. Un momento puedes ser un dulce _ _ _ _ _ _ _ _ Al siguiente podrías ser un estúpido _ _ _ _ _ _ _ _ _ _ .

La Academia del Sheriff no fue tan intensa, pero sí fue directa y colorida. El mal lenguaje, las historias sucias y los golpes personales eran de esperarse. No hubo cuerpos rotos tan seguido, pero el EF y la formación mano a mano fue física y combativa. Estábamos siendo entrenados para contener y esposar a los ciudadanos que no querían ir a la cárcel. Cuando te encontrabas con un ciudadano combativo, el contacto físico era a veces necesario.

La combinación de formación familiar, militar y policial me dio un estilo de comunicación singular. Fui propenso a hablar antes de escuchar. Fui entrenado a usar mi voz de mando y controlar la situación. Podía entrar y reaccionar. Aún hoy a los sesenta años y pico edad, tengo un interruptor oculto. En una emergencia, pierdo toda inseguridad, autodesprecio, e introspección. Puedo cambiar al instante y dar órdenes. Llamar al 911. Meter tu dedo en ese agujero. Haz eso, haz lo otro. Sin filtro, sin ansias, sólo respondiendo a la situación.

Pero haz esto y aquello, no funcionan en la iglesia. Podría ser eficaz por un momento en una situación de alto estrés a corto plazo. Pero no dará frutos en relaciones a largo plazo.

Durante años, enfrasqué mi frustración, enojo y juicio. En casa y en la iglesia sucedió como así. Era un tipo muy pacífico. Pero le temía a conflictos y situaciones desagradables. Sabía de mi capacidad para llevar un diálogo directamente al conflicto. Cuanto más tiempo estaba en la iglesia, más deseaba ser un "hombre de Dios", más reprimía mis emociones, y opiniones. Y eso causó un problema. Mis emociones, observaciones y dones de liderazgo no podían estar callados. Hirvieron hasta que algo abrió el pomo. Luego, vino mi angustia y mis opiniones de maneras inservibles. Los sentimientos de la gente fueron heridos. Ministerios fueron obstruidos. Fui empujado a un ciclo más profundo de observación, opinión, supresión, alteración, explosión, pesar, y nuevos intentos de reprimir.

Cerca de seis años en mi Doctorado de Ministerio vi mi patrón. Estaba devastado, frustrado y aliviado, todo a la vez. Entonces descubrí que Dios tenía una solución muy sencilla.

Efesios 4:15-16 (NTV)

En cambio, hablaremos la verdad con amor y así creceremos en todo sentido hasta parecernos más y más a Cristo, quien es la cabeza de su cuerpo, que es la iglesia. Él hace que todo el cuerpo encaje perfectamente. Y cada parte, al cumplir con su función específica, ayuda a que las demás se desarrollen, y entonces todo el cuerpo crece y está sano y lleno de amor.

Di la verdad. A tu cónyuge, hijos, nietos, jefe, junta, líderes, y alumnos. No hierva, guarde, almacene o deje que las cosas se infecten. No permitas que las cosas se presuricen hasta explotar infructuosamente y causen daño relacional. Parte de mis responsabilidades genuinas como esposo, padre, pastor, líder de la iglesia, y mentor es entrenar, aconsejar, formar y comunicarme con los que forman parte de mi vida. Es mi deber, es lo correcto, y me estoy perdiendo lo mejor de Dios si no lo hago. El mal prospera en el vacío del silencio.

Pero debemos decir la verdad en amor. Ágape debe gobernar en nuestros corazones. Decir la verdad en el amor que Dios da, en el amor que Dios tiene para nosotros. Di la verdad de una forma que sane y ayude a la gente. Di la verdad de tal forma que el cuerpo de Cristo, se una óptimamente sano y creciendo. Habla sin herir, rasgar o dañar. Incluso las cosas difíciles pueden ser dichas productivamente si pones en primer lugar a la otra persona; Y, si lo dicho se dice con gentileza, amabilidad, y de una manera amorosa. No te deprimas si esto suena fuera de alcance. Los mentores están en un viaje igual que el alumno. Todavía aspiro a hacer bien estas cosas. A veces lo hago, y a veces no.

El Dr. Wilson me abrió los ojos cuando enseñó de la existencia del tallo cerebral reptil. Esa es la parte de nuestro ser que hace que la mano coja una bola en el aire antes de procesar cognitivamente que está a punto de darnos en la cara. Es el mecanismo de respuesta involuntario que extiende la mano para proteger a nuestro niño, cuando aplicamos velozmente el freno. Estos actos que salvan la vida son asombrosos cuando funcionan correctamente.

Cuando permiten que nuestras emociones de enojo usen nuestra boca, sin consultar el lóbulo frontal del cerebro, puede ser un desastre. ¿Puedes recordar ser un niño enojado y alguien que decía que contaras hasta diez? Resulta que fisiológicamente, tenían razón. Diez segundos permiten, que los impulsos eléctricos sin filtrar de nuestro tallo cerebral reptil se desvanezcan y nuestro proceso de pensamiento cognitivo participe y controle nuestra boca antes de que haga daño irreparable.

Durante los últimos años me he estado diciendo a mí mismo, "habla a tiempo, habla con más amabilidad". No seas absorbido a una respuesta de reptil enojado. Como diría mi abuelo: "piensa antes de hablar". Qué concepto tan asombroso. Más despacio, piensa, revisa tu corazón, y filtra tu actitud. No embotelles tus pensamientos y emociones como una agitada Coca-Cola. Cuando tu espíritu y el entorno son correctos: di la verdad en amor.

Jetro saludó a Moisés, tuvieron una pequeña charla, comieron, y adoraron. Jetro pasó tiempo con Moisés. Vio lo que estaba pasando. Hizo la pregunta indicada. Luego escuchó la respuesta. Entonces, y sólo entonces, Jetro habló las palabras destinadas a transformar la capacidad de liderazgo y la durabilidad de Moisés. "No está bien".

Como he dicho muchas veces antes en este libro. Este modelo es el ideal. No puedes seguir cada paso todo el tiempo. No puede servir para cubrir toda marcha militar, toda ofensa de balompié, o toda emergencia de la oficina. Pero la verdad dicha en amor, después de una preparación sensible y cuidadosa en las áreas de mentor-alumno, pastor-congregación, esposo-esposa, y relaciones padre-hijo, dará tremendo fruto y evitará mucho dolor y daño relacional. ¡Tristemente, estoy hablando por experiencia!

Así que:

¿Cómo te va cuando es hora de hablar la palabra directa?

_____

¿Disfrutas el momento?

_____

¿Resistes al momento?

_____

¿Guardas tu angustia y explotas?

_____

¿Se te hace fácil corregir con naturalidad?

_____

¿Cómo puedes decir la verdad en amor con más eficacia?

_____

_____

_____

UN TIEMPO PARA ENSEÑAR
Capítulo Trece

> Éxodo 18:18-22 (NTV)
> "—¡No está bien lo que haces! —exclamó el suegro de Moisés—.
> Así acabarás agotado y también se agotará el pueblo.
> Esta tarea es una carga demasiado pesada para una sola
> persona. Ahora escúchame y déjame darte un consejo,
> y que Dios esté contigo.
> Tú debes seguir siendo el representante
> del pueblo ante Dios, presentándole los conflictos.
> Enséñales los decretos de Dios;
> transmíteles sus instrucciones;
> muéstrales cómo comportarse en la vida.
> Sin embargo, elige, de entre todo el pueblo,
> a algunos hombres con capacidad y honestidad,
> temerosos de Dios y que odien el soborno.
> Nómbralos jefes de grupos de mil, de cien,
> de cincuenta y de diez personas.
> Ellos tendrán que estar siempre disponibles
> para resolver los conflictos
> sencillos que surgen entre el pueblo, pero los casos
> más graves te los traerán a ti.
> Deja que los jefes juzguen los asuntos de menor importancia.
> Ellos te ayudarán a llevar la carga,
> para que la tarea te resulte más fácil.

Esta puede ser mi parte favorita del relato. Las preguntas, la defensa y la confrontación han terminado. Ahora es el momento de enseñar. Me encanta enseñar. La gente me ha dicho que parte de mis talentos son la profecía y el discernimiento. Un pastor en quien confío me dijo hace algunos años, que enojo a la gente porque veo cosas que nadie más ve y hablo antes de que la gente esté dispuesta a oírlas. A veces, es necesario hablar profética y directamente a una situación. Hay momentos en que es tu deber hacerlo. A veces no lo es. Permítanme profundizar en esto un poco y darte un ejemplo áspero.

Una noche, con las luces y sirenas encendidas en mi radiopatrulla, respondí a una balacera con heridos. El despachador nos alertó que se había visto a un hombre armado correr por el vecindario. Mi compañero y yo arribamos. Él corrió al otro lado de la calle para atender el hombre de rodillas que estaba sangrando y vomitando sangre. Yo caminé con cuidado sobre el césped de una casa para chequear al hombre tirado boca abajo. Lo tomé del brazo para darle vuelta. Casi escapó de mi mano. Discerní que el hombre estaba muerto.

Unos minutos más tarde la puerta principal se abrió y un hombre salió corriendo de la casa recargando su Magnum 357. Saqué mi arma, apunté y le ordené que no se moviera. "¡Baja tu arma lentamente al suelo!" Fue un momento de muy clara, enseñanza profética. Él obedeció. Fue una muy buena decisión. No estábamos teniendo una conversación. Si su arma se hubiera movido en cualquier otro rumbo y no hacia abajo, yo le hubiera disparado.

Alegremente, esto es lo opuesto a los momentos de enseñanza que quieres tener con tu alumno. Han comido, orado, amado, servido, escuchado, observado, hecho preguntas, y ahora es el momento de enseñar. Disfruta de este momento. Cuando tu alumno esté listo, abre tu corazón y comparte tu sabiduría, consejo, y estímulo. Dile a tu alumno lo que ves, y lo que crees que Dios te está mostrando.

Se sabio, perspicaz y gentil. Observa cuidadosamente el lenguaje corporal de tus alumnos. ¿Tienen la frente relajada o tensa con arrugas? ¿Están sus ojos relajados, abiertos y fijos en ti, o se enfocan nerviosamente en la puerta o la ventana? ¿Están los hombros relajados, o alzados y tensos? ¿Qué de sus manos y brazos? ¿Están sus dedos doblados y reposando sobre la mesa? ¿Están relajados y quietos? ¿O están echados hacia atrás, con los brazos bien cruzados? ¿Están con las manos en sus bolsillos? ¿Están ocupados peinándose el cabello, mirando en su bolso, u organizando su billetera? ¿Están inclinados hacia adelante con atención o desplomados en sus sillas? ¿Están de pie, caminando o inquietos? Si están en un carro y jugando con el radio, apoyados contra la puerta, los brazos cruzados, las piernas cruzadas, y mirando por la ventana lateral, podría ser ya no estén escuchando.

Use la mentoría como un tiempo para enseñar cuando sea oportuno, siempre detectando las señales. Si solo tienes una oportunidad para hablarle claro al hombre, entonces sé directo. Pero si estás en una relación de mentoría en JumpStart a largo plazo, puedes enseñar lenta, gradual y pacientemente. Como dice el viejo refrán: "poco a poco se llega muy lejos". Mucho, muy pronto, muy grosero, y puedes deñar la relación para siempre. Resiste la tentación de seguir presionando si encuentras resistencia. Un corazón herido no se abre fácilmente de nuevo. Es mejor retroceder, y permitir que el alumno pida más.

Haz que tus tiempos de enseñanza sean tan positivos y afirmadores que tu alumno desee jovialmente tu consejo y ayuda. Mi hijo me recuerda cuando predico que es mejor que la gente desee volver la próxima semana por más, que darles tanta información que necesitan un mes de descanso. Lo mismo pasa con tu alumno. Si lo apaleas cada vez que se reúnen, pronto hallará excusas para estar en otro lugar. ¡Los humanos tendemos a ser así!

Piensa en la gente que conoces. ¿Cómo le hablaron a tu vida tu familia, maestros o mentores? ¿Qué puedes aprender de su ejemplo?

_____
_____
_____
_____
_____
_____

Piensa en quién eres. Tu personalidad, formación y disposición general. ¿Cómo te comunicas con los demás? ¿Eres sensible a qué y cómo están escuchando, o sólo estás centrado en lo que tú quieres decir?

_____
_____
_____
_____
_____
_____

¿Hay personas, o áreas en tu vida que deberías enseñar de una mejor manera? ¿Cómo puedes hacer eso?

_____
_____
_____
_____
_____
_____
_____

SI DIOS ORDENA
Capítulo Catorce

> Éxodo 18:23 (NTV)
> "Si sigues este consejo, y si Dios así te lo ordena,
> serás capaz de soportar las presiones,
> y la gente regresará a su casa en paz."

Esto puede ser una sorpresa, pero "NO ERES DIOS, Y YO TAMPOCO". Hay sectas que se vuelven muy tóxicas con la mentoría. Nuestra junta le pidió a un hombre que dejara la iglesia pues insistía en querer ser la "cubierta espiritual" de las mujeres cuyos esposos no eran cristianos. Hay iglesias que deciden quién debe salir y casarse con quien. Algunas iglesias le dicen a la gente qué noticias hay que ver, o no ver. No somos esas personas. Somos siervos y mentores, no opresores espirituales. Guiamos a la gente a la Palabra de Dios modelando con nuestras vidas la verdad del mensaje lo mejor que podemos.

La primera palabra "SI" en este versículo, es crucial. En el contexto de la iglesia o del ministerio, la decisión de aceptar y seguir el consejo siempre es cosa del alumno. Jetro le dijo Moisés las cosas irían bien "SI" hacía lo que le sugirió. La palabra "SI" deja claro que la opción de escuchar y actuar era de Moisés. Todo lo que Jetro podía hacer era presentar, Moisés tenía que recibir. Jetro no tenía autoridad posicional o espiritual sobre Moisés fuera de la amistad, respeto y credibilidad acumulada durante cuarenta años de relación familiar.

Nuestro rol como mentores es amar a la gente, servir a la gente, explorar la Biblia con la gente, compartir nuestro caminar, nuestros pecados, y lo que hemos aprendido en el camino. Debemos hablar cuando la puerta se abre, exhortar, corregir, y enseñar cuando se nos invita a hacerlo. Debemos intervenir raramente y sólo con una gran causa. Como lo dije en la Primera Parte, el alumno debe establecer el nivel de interacción. No eres su padre, jefe, cónyuge, o cubierta espiritual. Es muy posible que no seas su pastor. Si eres, eso añade a la relación otras dimensiones de responsabilidad ética. Servimos, nunca buscamos poseer, controlar, o dirigir abusivamente.

Después de todo, cada hombre o mujer es responsable ante Dios. Ahora, voy a admitir que mi don de enseñanza profética, y mi cortejante fortaleza me inclinan hacia la persuasión fuerte. La mezcla de un oficial de policía y boina verde puede darte un vendedor obstinado. Añádele pastor y puedes terminar con una persona que tiene un muy elevado sentido de saber lo que es correcto, lo que se necesita hacer, y probablemente lo que debe hacer.

Habiendo confesado todo eso, permíteme gritar de nuevo: "NO SOY DIOS, Y TÚ TAMPOCO". Las personas que yo asesoro son en última instancia responsables ante Dios por sus decisiones, creencias y acciones. Voy a discutir fuertemente lo mejor que pueda por lo que creo que es correcto, pero nunca voy a violar el espacio, el libre albedrío, o la dignidad humana de mi alumno.

La única excepción es si creo que hay un riesgo inminente de daño o violencia a sí mismos o a otro. En ese caso te exijo ir de inmediato a tu pastor o líder de la iglesia de confianza y compartir tus preocupaciones. Si eres el pastor, le ruego que Dios te de la sabiduría y el valor para hacer lo que sea correcto, incluso si daña la relación o te cuesta un miembro de la iglesia. Siempre es mejor sufrir por hacer lo correcto que lamentarse más tarde por hacer lo incorrecto o por no haber hecho lo correcto.

Existe una distinción importante si aplicas principios de mentoría de JumpStart en un contexto que no sea la mentoría personal o el ministerio. Lo que voy a decir también se aplica en la iglesia a nivel de liderazgo. Si mi alumno no está en mi cadena de mando de liderazgo, entonces todo lo de los capítulos anteriores es correcto.

Si mi alumno: trabaja para mí, me informa, o lidera ministerio del que soy en última instancia responsable, o representa a la organización que tengo el deber jurado de proteger, otro principio entra en juego. Aun recomiendo el proceso que hemos estado siguiendo algo sano para desarrollar subordinados. Pero, si yo soy el encargado debe haber otro nivel. Se llama rendición de cuentas. Viene del principio cósmico conocido como "causa y efecto".

Yo trabajo para Dios, y me reporto a Dios, y por eso hay veces que Dios me llama a rendirle cuentas por mi trabajo y Su ministerio de una manera que tendrá consecuencias directas para otra persona. Permíteme darte un ejemplo.

Si eres mi alumno pero no en mi iglesia o cadena de mando, y estamos trabajando en tus malos hábitos de beber demasiado, dormir, llegar tarde al trabajo, no actuar, e impactar negativamente en su ministerio, trabajo y familia: yo te amaré, te enseñaré, oraré por ti, y eventualmente, te diré algunas palabras firmes de corrección, incluso si ellas arriesgan nuestra relación de mentoría. Si trabajas para mí, te invitaré a asistir a una reunión de Celebración de la Recuperación, ponerte sobrio, llegar al trabajo a tiempo, llegar a ser eficaz, o encarar ser despedido. No voy a violar tu soberanía. Eres libre de elegir el alcohol, la tardanza, la incompetencia, y el desempleo. Después de aplicar todos los procesos de rescate correctos para ayudarte, mi responsabilidad ante el Señor será despedirte. Seguiré amándote y estando a tu disposición. Pero no me sentiré moralmente responsable de pagar tus facturas y separarte de las consecuencias lógicas de tus elecciones. Ser responsable ante Dios es una espada de dos filos.

Recuerda: Cuando enseñas, entrenas, aconsejas, corriges, o eres directo con tus alumnos, ellos siempre están viviendo bajo la libertad y la autoridad de su "SI". Tú eres su mentor y amigo porque te dieron su permiso. Pero sólo Dios es Dios. Después de todo, tu alumno le pertenece a Él, nunca a ti. Ten eso en mente y evitarás convertirte en un culto loco que nos avergüence a todos.

¿Cómo te va en el "SI"? Otra forma de decir esto es: "¿tienes buenos límites en las relaciones?" ¿Equilibras tus responsabilidades con la personalidad de otro?

_____
_____
_____
_____
_____
_____

Exploremos por un momento los asuntos de culpa y obligación. ¿Es problema para ti decir o hacer algo que ponga a alguien más en la posición de elegir y de vivir con las consecuencias? ¿Cómo puedes lidiar con eso de mejor forma?

_____
_____
_____
_____
_____
_____

¿Cómo gestionarás la enseñanza de tu alumno permitiéndole ser responsable y escoger qué usar? ¿Y si no lo hacen?

_____
_____
_____
_____
_____
_____

APTO PARA ESCUCHAR
Capítulo Quince

> Éxodo 18:24 (NTV)
> Moisés escuchó el consejo de su suegro
> y siguió sus recomendaciones.

Proverbios 16:18 (RVA)
Antes de la quiebra está el orgullo; y antes de la caída, la altivez de espíritu.

Proverbios 3:7-8 (LBLA)
No seas sabio a tus propios ojos, teme al Señor y apártate del mal.
Será medicina para tu cuerpo y refrigerio para tus huesos.

1 Pedro 5:6 (NTV)
Así que humíllense ante el gran poder de Dios y,
a su debido tiempo, él los levantará con honor.

Números 12:3 (LBLA)
Moisés era un hombre muy humilde,
más que cualquier otro hombre sobre la faz de la tierra.

Por favor, nota que estamos en lo profundo de nuestro modelo de mentoría. Eso debe ser un gran estímulo para ustedes los que son TIPO-A impacientes, super cumplidores que quieren que su alumno lo haya logrado ayer. [No te ofendas porque soy uno de ustedes. Le hago eco al póster de los dos buitres sentados en el cactus. El título dice: "PACIENCIA MI _ _ _, VAMOS A MATAR ALGO".]

Nota que Jetro no llegó del desierto, dejó caer su maleta, y le dijo a Moisés lo estúpido que era y el mal trabajo que estaba haciendo. Jetro usó una Plática Modelo de Mentores JumpStart, que ahora ya sabes que obtuvimos de él, para conectarse a Moisés y hablarle a su vida. Cuando tú y yo hemos hecho nuestro mejor esfuerzo, debemos recordar que los resultados están con Dios, y nuestro alumno. Se remonta a ese antiguo y espinoso asunto del libre albedrío. No voy a entrar al viejo debate calvinista, así que no te alteres; sólo digo que la gente decide. A veces eligen bien, otras veces no. ¿Cómo participa Dios para el desempeño de Su plan cósmico para el universo es algo que está muy fuera de mi alcance.

Ahora, no te pierdas este siguiente versículo, ¡prepárate! Es el versículo alumno más importante de todo este maldito libro. Si usted captas esta verdad, llegarás muy lejos. Si no lo logras y lo pones en práctica, tu capacidad de iluminación, auto-descubrimiento, y progreso, son extremadamente limitados.

Números 12:3 (NASB)
(Moisés era un hombre muy humilde,
más que cualquier otro hombre sobre la faz de la tierra).

Un discípulo es un aprendiz. Son estudiantes. Su objetivo es sentarse a los pies de su maestro, aprender de ellos, y llegar a ser como ellos. Hay gente alrededor cuyas tazas personales están tan llenas de sí mismos no hay espacio para que nadie le agregue nada. Conozco pastores así. Si los ves en una tienda hablan de sí mismos y de "su iglesia" durante veinte minutos sin respirar. No tienen ningún interés en lo que eres, lo que piensas, o lo que puedes necesitar de la reunión. Sólo les importa su propia vida y el ministerio. Si les preguntas cómo están, responden con un sermón que no tiene nada que ver con cómo están en realidad. Confieso que los evito si los veo primero.

La gente humilde es enseñable. Son aprendices, oyentes, y listos para escuchar la voz de Dios sin importar de dónde provenga. He estado en el aula con mi mentor de 87 años. Lo he visto enseñar material desde el centro de su ser y un estudiante hacer una pregunta, o desafiarlo, y verle sonreír y decir "muy bien, buen punto, ¿qué quieres decir con eso". Luego medita en ello, lo procesa y, si es necesario, hace un ajuste. Eso es humildad.

Hace años, el Dr. Bill Bright, fundador de la Cruzada de Campus para Cristo, asistió a Northpoint estando de visita en San Bernardino. Yo recién iniciaba mi posición de pastor líder cuando alguien me dijo eufórico que el Dr. Bright estaba en la iglesia. Entré en pánico ante la idea de predicar a un hombre cuyo ministerio tocó el mundo entero. Por fin, después de unas cuantas visitas, tuve el valor de preguntarle, "¿Qué debo hacer cuando estás aquí? ¿Te gustaría predicar, y yo me siento a escuchar? ¿Qué hago?". Él sonrió y tomó mi mano.

"Sólo estoy aquí para adorar a Jesús con el pueblo de Dios. Ya que tengo un grupo grande viajando conmigo, quizá lleguemos un poco tarde, no sentaremos en la parte de atrás, y saldremos en seguida del mensaje para no perturbar el servicio o crear distracción. Pero si alguna vez necesitas que ore contigo sobre cualquier asunto, Vonette y yo estamos a tus órdenes. Recuerdo haber pasado por un tiempo de lucha. Fiel a su palabra, el Dr. Bright y Vonette se unieron a Karen y a mí en la biblioteca de la iglesia. Unimos nuestras manos y este querido y dulce hombre de Dios y su esposa nos elevaron hasta el trono de la gracia.

Reflexiona en sus palabras. "Llegaré un poco tarde, saldré un momento antes, para no causar un alboroto. Sólo quiero adorar a Dios con Su pueblo. Pero si quieres orar, estoy contigo". Ese es el corazón humilde que Dios toma y lo convierte en un líder global. Lo asombroso es que él se sentaba en la iglesia, y tomaba notas. Esa es una de las cosas más increíbles que he visto en mi vida. Pero nunca olvidaré su ejemplo.

Dulce y apreciado alumno: tu nivel de apertura, de humildad, de enseñanza, y tu vulnerabilidad determinarán directamente cuánto te beneficias del mentor que Dios te ha dado. El declarar que eres el guardián, el que establece la profundidad de la plática es lo correcto y te ofrece una gran protección. También te da una tremenda responsabilidad. Obtendrás tanto de JumpStart como pongas en él de ti mismo. Mi oración es que lances tu alma y camines audazmente por la puerta que Dios ha puesto ante ti.

¿Cómo ven nuestros artistas la humildad y la capacidad de enseñar?

EL RESULTADO
Capítulo Dieciséis

> Éxodo 18:25-27 (NTV)
> Eligió hombres capaces de entre todo Israel
> y los nombró jefes del pueblo. Los puso a cargo
> de grupos de mil, de cien, de cincuenta y de diez
> personas. Estos hombres estaban siempre disponibles
> para resolver los conflictos sencillos de la gente.
> Los casos más graves los remitían a Moisés,
> pero ellos mismos se encargaban de los
> asuntos de menor importancia. Poco tiempo después,
> Moisés se despidió de su suegro,
> quien regresó a su propia tierra.

El resultado optimista de una conversación Jetro/Moisés es una relación pacífica entre los participantes y una gloriosa transformación en la situación que creó la necesidad de la conversación. Este relato tiene el resultado perfecto.

Parece que Moisés y Jetro siguen siendo amigos. Moisés percibe un avance en el ministerio que le permite seguir siendo el líder. Israel sigue su camino con una nueva y mejorada estructura de liderazgo. Esta plática trajo el cambio tectónico a la estructura de liderazgo.

Tristemente, no todas las pláticas terminarán así. No quiero ser negativo, pero deseo animar a todos los mentores con el hecho de que algunas personas te amarán y recibirán todo lo que tienes que dar. Otros no. Seriamente, aunque así sea, tu mejor opción es escuchar y el cambio siempre está en las manos del alumno. No puedes salvar a un alma perdida, porque sólo Dios tiene ese poder. De igual forma, no se puede conformar a alguien a la imagen de Cristo. Sólo la Palabra y el Espíritu de Dios pueden lograr ese milagro.

Puedes amar, servir, compartir, orar, predicar, escuchar, y participar amorosamente si es necesario. Sólo cuando alguien se rinde a Dios producirá fruto en su vida. Pon en práctica todo lo que has aprendido, y luego confía en Dios. Si las cosas van bien y tu alumno vuela, alaba a Dios y dale la gloria. Si tu alumno da marcha atrás, falla, y fracasa, confía en Dios, y no te culpes si sabes que diste lo mejor de ti.

Permíteme dejarte una palabra más de aliento, o frustración. A veces tomará años para que la verdad de tus palabras tenga efecto. El inicio de mi viaje en el liderazgo, viví una temporada difícil en el ministerio. Seré breve porque quiero respetar la privacidad de las personas involucradas. Pero el relato va así.

Yo estaba platicando con una creyente cuando sentí que algo estaba mal. Ella se veía muy incómoda. Le pregunté qué sucedía y ella dijo: "nada". Insistí y le dije que sentía que había un problema. Ella me miró y dijo: "sólo hablaré de esto si Dios te dice lo que está sucediendo". Tan raro como pueda sonar, de inmediato sentí que ella estaba en adulterio. Compartí lo que sentí y sus ojos se agrandaron. Dijo que sólo hablaría de ello si Dios me decía quién. Él lo hizo. Dije el nombre y su rostro empalideció. Los próximos meses en la iglesia fueron terribles. No daré detalles. Me culparon de desbaratar la visión y muchas otras cosas desagradables. A través de todo, hice todo lo posible por decir la verdad acerca de lo que yo creía que Dios me estaba mostrando.

Años más tarde, estaba de visita en la ciudad y vi a la señora en una tienda. Ella corrió, me abrazó con lágrimas en los ojos, y me agradeció por salvar su matrimonio. Ella dijo: "tú fuiste el único que habló la verdad y que estuvo dispuesto a enfrentar la situación. Salvaste mi matrimonio. Si alguna vez pastoreas una iglesia en el área, me uniré".

Sus palabras fueron un bálsamo curativo para mi alma. Yo sabía que había dicho la verdad y hecho todo lo posible para seguir la iniciativa de Dios. Pero le tomó años decir las palabras que validaron el ministerio que traté de hacer. Estoy convencido de que a veces Dios nos llama a decir y hacer cosas, cuyo fruto nunca veremos. Seremos juzgados y recompensados por nuestra obediencia. No por las decisiones de otras personas en respuesta a nuestras acciones. Sé que esto no siempre es fácil, pero ruego que te de la fortaleza para seguir adelante cuando el seguir se hace difícil.

¡Dibuja cómo se vería la persistencia en el ministerio!

Recuerda:
Si no se te permites aceptar el honor cuando las cosas van bien,
entonces no se te permite aceptar la culpa si las cosas van mal.

Jesucristo tuvo su Pedro, Santiago y Juan.
Él tuvo Su dudoso Tomás.
Tuvo su Judas.
¿Por qué debe ser diferente tu ministerio?

¡El secreto es que aprendas de tus experiencias,
y hacerlo mejor la próxima vez!
La mayoría de nosotros no hacemos nada perfectamente
la primera vez que lo intentamos, o la segunda, o la tercera.

Además, renunciar a la llamada de Cristo de ir
por todo el mundo y hacer discípulos,
bautizándolos en el nombre del Padre,
del Hijo, y del Espíritu Santo,
y enseñándoles a obedecer todo lo que nos enseñó,
no es realmente una opción,
¿LO ES?

FORMACIÓN: MODELO DE UNA PLÁTICA DE MENTOR
Capítulo Diecisiete

FORMACIÓN DE MENTORES JUMPSTART:

#2.
¡MODELO DE UNA PLÁTICA DE MENTOR!

NOTA:

Las siguientes diapositivas de PowerPoint se pueden utilizar para entrenar a tu equipo, o para tu propia reflexión personal y toma de notas. Puedes usarlas con tu alumno cuando llegue el momento en que se convierta en mentor. Observa el modelo de mentoría, pero no pases por alto la enseñanza que Jetro está dando a Moisés. Hay un mensaje poderoso sobre la delegación y el reparto de cargas que es relevante para cualquier pastor o equipo de liderazgo. Puedes enseñar y entrenar a tu equipo en más de un nivel con este pasaje. Hay un mensaje poderoso de ministerio dentro del previsto mensaje de mentor. ¡Disfrútalo!

La mentoría no comenzó en el N.T.
Jesús fue el máximo hacedor de discípulos, pero el Dios de Israel tiene una larga historia de levantar líderes espirituales. El A.T. nos da un impresionante vistazo en una conversación de lo que fue una relación de mentoría a largo plazo. Moisés fue el "dador de la ley"
y "el líder del éxodo de Egipto".
En Éxodo 18 vemos a Jetro el sacerdote de Madián,
y suegro de Moisés,
tener una conversación que cambió la historia.

Éxodo 18:7 (NTV)
Entonces Moisés salió a recibir a su suegro.
Se inclinó ante él y le dio un beso.
Luego de preguntarse el uno al otro cómo les iba, entraron en la carpa de Moisés.

Éxodo 18:8 (NTV)
Moisés le contó a su suegro todo
lo que el Señor le había hecho al faraón
y a los egipcios a favor de Israel.
También le habló de todas las privaciones
que habían sufrido a lo largo del camino y de cómo
el Señor había librado a su pueblo de las dificultades.

Éxodo 18:9 (NTV)
Jetro se alegró mucho
al oír de todo el bien que el Señor
había hecho por Israel
al rescatarlo de las manos de los egipcios.

Éxodo 18:12 (NTV)
Luego Jetro, el suegro de Moisés,
presentó una ofrenda quemada y sacrificios ante Dios.
Aarón y todos los ancianos de Israel lo acompañaron
a comer lo que fue ofrecido en sacrificio en presencia de Dios.

Éxodo 18:14 (NTV)
Cuando el suegro de Moisés vio todo lo que él hacía por el pueblo, le preguntó: "¿Qué logras en realidad sentado aquí? ¿Por qué te esfuerzas en hacer todo el trabajo tú solo, mientras que el pueblo está de pie a tu alrededor desde la mañana hasta la tarde?"

Éxodo 18:15-16 (NTV)

Moisés contestó:
"Porque el pueblo acude a mí en busca de resoluciones de parte de Dios. Cuando les surge un desacuerdo, ellos acuden a mí, y yo soy quien resuelve los casos entre los que están en conflicto. Mantengo al pueblo informado de los decretos de Dios y les transmito sus instrucciones".

Éxodo 18:17 (NTV)
"¡No está bien lo que haces!" exclamó el suegro de Moisés.

¿Qué si Jetro sólo hubiera llegado
del desierto diciéndole a Moisés:
"¡Eso no está bien!"

Éxodo 18:18-23 (NTV) 1/5

"Así acabarás agotado y también se agotará el pueblo. Esta tarea es una carga demasiado pesada para una sola persona. Ahora escúchame y déjame darte un consejo, y que Dios esté contigo.

Éxodo 18:18-23 (NTV) 2/5
Tú debes seguir siendo el representante
del pueblo ante Dios, presentándole los conflictos.
Enséñales los decretos de Dios; transmíteles sus instrucciones;
muéstrales cómo comportarse en la vida..

Éxodo 18:18-23 (NTV)   3/5

Sin embargo, elige, de entre todo el pueblo, a algunos hombres con capacidad y honestidad, temerosos de Dios y que odien el soborno. Nómbralos jefes de grupos de mil, de cien, de cincuenta y de diez personas.

Éxodo 18:18-23 (NTV)   4/5

Ellos tendrán que estar siempre disponibles para resolver
los conflictos sencillos que surgen entre el pueblo,
pero los casos más graves te los traerán a ti.
Deja que los jefes juzguen los asuntos de menor importancia.
Ellos te ayudarán a llevar la carga,
para que la tarea te resulte más fácil.

Éxodo 18:18-23 (NTV)   5/5
Si sigues este consejo,
y si Dios así te lo ordena,
serás capaz de soportar las presiones,
y la gente regresará a su casa en paz".

Éxodo 18:24 (NTV)
Moisés escuchó
el consejo de su suegro
y siguió sus recomendaciones.

ACTITUD DE MENTORES

A.
¿CÓMO DESCRIBIRÍAS ¿EL ESPÍRITU DE JETRO DURANTE ESTE ENCUENTRO?
¿POR QUÉ FUE TAN IMPORTANTE?

LA ACTITUD DEL ALUMNO

B.
¿QUÉ VES EN LA ACTITUD
DE MOISÉS DURANTE ESTA REUNIÓN?
¿POR QUÉ FUE TAN IMPORTANTE?

APLICACIÓN PERSONAL

C.
¿ESTÁS LISTO PARA INVITAR A ALGUIEN A QUE LE HABLE HONESTAMENTE A TU VIDA?

_____
_____
_____
_____
_____
_____
_____
_____
_____
_____
_____
_____
_____
_____
_____
_____

APLICACIÓN AL MINISTERIO

D.
¿ESTÁS LISTO PARA COMPARTIR CON OTROS LO QUE DIOS TE HA DADO?

TERCERA PARTE:

JumpStart es la pieza de trabajo
de mi proyecto de Doctorado en Ministerio.
Una de las secciones de mi documento final fue titulada
FUNDAMENTOS TEOLÓGICOS.

Ese es el nombre elegante de por qué
Creo que la Biblia nos enseña a hacer algo.
Si no hay una base bíblica sólida para ello,
entonces no debemos hacerlo.

Las excepciones son cosas como el helado y los aviones.
No hay muchos pasajes sobre jets y Café Hagen Dazs.
Pero ambos me gustan.

Si estás listo para profundizar un poco más
esta Parte de la Formación del Mentor te dará los
Fundamentos bíblicos para JumpStart.

EL FUNDAMENTO TEOLÓGICO PARA LA FORMACIÓN DEL MENTOR JUMPSTART
Capítulo Dieciocho

Hay tres hipótesis bíblicas en el núcleo de este proyecto. Primero, las escrituras dan modelos poderosos de personas que pasan sus percepciones espirituales a otras personas. Segundo, La Escritura es un componente esencial en el proceso de discipulado. Tercero, los discípulos son parte del más amplio Cuerpo de Cristo. Cada uno de estos tres puntos afianza un componente esencial del viaje JumpStart.

El discipulado de persona a persona es un Esencial Componente de la Formación Espiritual

Bill Hull es un plantador de iglesias y promotor permanente del discipulado. Él da una observación inicial sobre el lugar del discipulado en la iglesia y el papel que desempeña en la formación de líderes espirituales:

> Jesús creyó en la propagación espiritual. Tuvo una amplia visión de necesario para un movimiento fuerte. La paciente formación de discípulos es el único medio totalmente endosado por La Biblia para edificar la iglesia. En contraste, vemos en el siglo XX el enfoque pragmático del atajo. Cuando las iglesias tratan un programa fallido tras otro sin fortificar el cuerpo de los discípulos, se malgastan caudales de tiempo y energía. Si nuestros ministerios no llevan a la creación de obedientes creyentes fructíferos, entonces simplemente hemos "engordado" a la iglesia.[2]

Hull adopta y aplica las últimas palabras de Jesús como se registran en el Evangelio de Mateo. Él destaca la importancia del contacto de persona a persona:

> Jesús vino y le dijo a sus discípulos: "Se me ha dado toda autoridad en el cielo y en la tierra. Por lo tanto, vayan y hagan discípulos de todas las naciones, bautizándolos en el nombre del Padre y del Hijo y del Espíritu Santo. Enseñen a los nuevos discípulos a obedecer todos los mandamientos que les he dado. Y tengan por seguro esto: que estoy con ustedes siempre, hasta el fin de los tiempos."[3]

Este patrón de discipulado, también llamado mentoría, tiene profundas raíces en el registro bíblico. Esta sección examinará una relación de mentoría en el Pentateuco, los profetas y el Nuevo Testamento. El discipulado no comenzó con Jesús. Él lo practicó, y lo perfeccionó, pero no lo inició.

---

[2]Bill Hull, *Jesus Christ Disciple Maker* (Colorado Springs: Navpress, 1984), 38.
[3]Mateo 28:18-20 NTV

Conocemos a Moisés como el dador de la Ley de Dios. Moisés subió al monte para reunirse con Dios. Sin embargo, Moisés no estaba totalmente solo en este viaje crucial. "Entonces Moisés y su ayudante Josué salieron, y Moisés subió al monte de Dios. Moisés les dijo a los ancianos: 'Quédense aquí y espérennos hasta que regresemos. Aarón y Hur se quedan aquí con ustedes; si alguien tiene algún altercado durante mi ausencia, que consulte con ellos'".[4] Dios permitió que Josué caminara más de Moisés que cualquier otro. La relación especial de Josué con Moisés le otorgó un acceso especial a Dios.

Josué vio la relación que Moisés tenía con Dios desde un punto de vista diferente al de todos. "Cada vez que Moisés se dirigía a la carpa de reunión, toda la gente se levantaba y permanecía de pie a la entrada de su propia carpa. Todos seguían a Moisés con la vista hasta que entraba en la carpa".[5] "Dentro de la carpa de reunión, el Señor hablaba con Moisés cara a cara, como cuando alguien habla con un amigo. Después, Moisés regresaba al campamento, mientras que su asistente, el joven Josué, hijo de Nun, permanecía en la carpa de reunión".[6] Josué servía y asistía a Moisés mientras Moisés hablaba con Dios. El resto del campamento se encontraba a una distancia segura en las entradas de sus tiendas mientras Josué desaparecía en el interior con Moisés. En su calidad de ayudante de Moisés, Josué vio y escuchó cosas que algún día lo prepararían para liderar la nación.

El Dr. William Mounce escribe sobre el rol especial que Moisés tuvo en la vida de Josué. Él muestra las dimensiones relacional, educativa, alentadora y modeladora en la relación de discipulado entre Moisés y Josué:

> Él debe haber sido un líder natural, pero su potencial de liderazgo floreció al estudiar bajo Moisés y aprender de la experiencia... Josué estudió bajo el experto. Fue el segundo al mando y ayudante de Moisés... Josué estuvo con Moisés en el Sinaí (Éx. 32:17), vivió experiencias religiosas con Moisés en la carpa (33:11), y fue ordenado personalmente por Moisés (Nm. 27:18-23; Dt. 31:14-23). Nota también que Moisés "animó" a Josué (Dt. 1:38).[7]

Josué tuvo el asombroso privilegio y la responsabilidad de servir a Moisés durante cuarenta años. Él vio la relación que Moisés tuvo con Dios. Observó como Moisés dirigió al pueblo. Probó la frustración de liderazgo cuando la nación rechazó su buen informe sobre la tierra prometida.[8] Aprendió la emoción de la victoria en la batalla.[9] No es sorpresa que "Después de la muerte de Moisés, siervo del Señor, el Señor habló a Josué, hijo de Nun y ayudante de Moisés. Le dijo: «Mi siervo Moisés ha muerto. Por lo tanto, ha llegado el momento de

---

[4] Éxodo 24:13-14 NTV
[5] Éxodo 33:8 NTV
[6] Éxodo 33:11 NTV
[7] William D. Mounce, *Perfiles en la fe* (Ventura: Regal Books, 1984), 66-67.
[8] Números 16:13
[9] Éxodo 17:13

que guíes a este pueblo, a los israelitas, a cruzar el río Jordán y a entrar en la tierra que les doy.'"[10] Josué asumió un rol para el que había sido completamente preparado.

Pensamiento:

Si estás asesorando a alguien para una posición de liderazgo en la iglesia, permite que te siga. Si se están alistando para servir en un puesto diferente, busca un creyente sano que ya está haciendo ese trabajo, que acepta una sombra. Josué estuvo con Moisés. Vio lo que hizo, escuchó sus conversaciones, y compartió sus encuentros con el Todopoderoso. Josué tuvo el mejor la mejor formación en el trabajo.

Elías y Eliseo dan otro ejemplo de relación íntima y la transferencia de autoridad espiritual. Los deberes de su cargo habían hecho mella en Elías. Era hora de que otro tomara su lugar para servir a Dios. Dios le dijo a Elías: "… unge a Eliseo, hijo de Safat, de la tierra de Abel-mehola, para que tome tu lugar como mi profeta".[11] Eliseo aceptó el llamado y "se fue con Elías como su ayudante".[12] Si, como algunos han sugerido, Eliseo sirvió a Elías de 860-850 A.C., entonces hubo una unión de diez años de servicio, y aprendizaje.

Ese mandato destacaría la intimidad vista en 2 Reyes 2. Ha llegado el momento de que Elías vaya al cielo. Tres veces Elías le dice a Eliseo "quédate aquí". Tres veces Eliseo responde con la ferviente declaración: "Tan cierto como que el Señor vive y que tú vives, ¡nunca te dejaré!".[13] Cuando los profetas de Bethel y Jericó preguntan a Eliseo si él sabe que Dios se está preparando para tomar a su maestro, él responde con un enfático, "Claro que lo sé".[14]

A los que están fuera del vínculo maestro-siervo, Eliseo da un seco: "Claro que lo sé". A su maestro Eliseo le da la ferviente promesa: "Tan cierto como que el Señor vive y que tú vives, ¡nunca te dejaré!". Mientras Elías y Eliseo continúan su viaje, "Cincuenta hombres del grupo de profetas también fueron y observaron de lejos cuando Elías y Eliseo se detuvieron junto al río Jordán".[15] Los cincuenta profetas veían de lejos, de la misma manera que los hijos de Israel veían a Moisés y a Josué desaparecer en la Carpa de Reunión. Hay una santa separación entre el mentor, el alumno, y el resto del pueblo.

Hay evidencias de inversión ministerial, transferencia de autoridad y una relación especial cuando "Elías le dijo a Eliseo: 'dime qué puedo hacer por ti antes de ser llevado'. Y Eliseo respondió: 'te pido que me permitas heredar una doble porción de tu espíritu y que llegue a ser tu sucesor'".[16] La relación y la confianza lograda durante un largo período de

---

[10] Josué 1:1-2 NTV
[11] 1 Reyes 19:16 NTV
[12] 1 Reyes 19:21 NTV
[13] 2 Reyes 2:2 NTV; 2 Reyes 2:4 NTV; 2 Reyes 2:6 NTV
[14] 2 Reyes 2:3 NLT; 2 Reyes 2:5 NLT
[15] 2 Reyes 2:7 NLT
[16] 2 Reyes 2:9 NLT

intimidad y servicio permite tal petición. El deseo de Eliseo es ser como Elías y hacer las cosas, que él lo vio hacer. Cuando Dios responde a la petición de Eliseo, manifiesta la profunda combinación de tristeza por la desaparición de su maestro y la voluntad de recoger su manto y seguir su ejemplo.

Eliseo permaneció fiel a su promesa y presenció el momento en que Dios vino por Elías. Eliseo exclamó: «¡Padre mío! ¡Padre mío! ¡Veo los carros de Israel con sus conductores!». Mientras desaparecían de su vista, rasgó su ropa en señal de angustia. Entonces Eliseo tomó el manto de Elías, el cual se había caído cuando fue llevado, y regresó a la orilla del río Jordán. Golpeó el agua con el manto de Elías y exclamó: «¿Dónde está el SEÑOR, Dios de Elías?». Entonces el río se dividió en dos y Eliseo lo cruzó.[17] Dios confirmó la transferencia de autoridad espiritual y poder de mentor a alumno.

En su comentario crítico de II Reyes, Burke Long resalta la separación de Elías y Eliseo de los otros profetas de Israel:

> De un punto de vista hablar más significa más demora en el progreso de los sucesos. Sin embargo, a diferencia de los diálogos anteriores, este último intercambio en este espacio apartado ofrece la sorpresa de que la salida de Elías también tiene que ver con facultar a Eliseo. Así como el Jordán marca divisiones entre los profetas, así esta nueva información crea una especie de vínculo gnóstico entre Elías y Eliseo. Con el lector, ahora comparten un conocimiento que se niega a los profetas que quedaron atrás, a la entrada del río.[18]

Jesucristo es para el creyente el ejemplo máximo del discipulado. El monte de la Transfiguración ofrece lo que es probablemente la mayor teofanía del nuevo testamento. El pasaje destaca a Moisés como el dador de la ley, y a Elías como uno de los más grandes profetas de poder. Si bien este es ciertamente el caso, también es una gran reunión de mentores. Moisés, Elías, y Jesús no sólo representan la ley, los profetas, y el nuevo pacto, sino que también seguramente conectan la antigua tradición milenial de mentoría, discipulado, y una formación basada en la relación.

Lo que Moisés y Elías hicieron en las vidas de Josué y Eliseo son precursores de lo que Jesucristo hizo con Pedro, Santiago y Juan. Jesucristo dio la visión y el método detrás del discipulado cuando dijo: "Seguidme, y yo os haré pescadores de hombres".[19] No se hace sin seguir. Jesús extendió su invitación a doce hombres. Dentro de los doce, tres recibieron acceso especial. Jesús permitió que Pedro, Santiago y Juan vieran la reunión de mentores

---

[17] 2 Reyes 2:12-14 NTV
[18] *2 Reyes*, The Forms of the Old Testament Literature, Burke O. Long, volume 10, (Grand Rapids: Wm. B. Eerdmans Publishing Co., 1991), 26.
[19] Matthew 4:19 LBLA

en el monte de la transfiguración mientras que el resto de los discípulos esperaban en el valle de abajo.[20] Me pregunto si los tres realmente entendían lo especial de su experiencia.

Cuando Jesús, y los discípulos, estaban en camino a la casa de Jairo para asistir a su hija enferma, recibieron la noticia de que su hija había muerto. Mientras los hombres le daban la noticia a Jairo: "Jesús oyó lo que decían y le dijo a Jairo: «No tengas miedo. Sólo ten fe». Jesús detuvo a la multitud y no dejó que nadie fuera con él excepto Pedro, Santiago y Juan (el hermano de Santiago)".[21] Jesús se prepara para bendecir con el mayor de los milagros a una familia destrozada. Él les va a devolver a su hija. Jesús sólo admite que tres de sus discípulos de más confianza: Pedro, Santiago y Juan, compartan la experiencia.

En la última noche de su vida, Jesús dirigió a sus once discípulos fieles al huerto de Getsemaní. Éste era su tiempo para vincularse a Padre y para confirmar que Él viajaba por el único camino posible: "Fueron al huerto de olivos llamado Getsemaní, y Jesús dijo: ´siéntense aquí mientras yo voy a orar´. Se llevó a Pedro, a Santiago y a Juan y comenzó a afligirse y angustiarse profundamente."[22] Jesús permitió que Pedro, Santiago y Juan vieran la profundidad de sus emociones. Permitió a estos tres seguidores íntimos ver su angustia.

Pedro, Santiago y Juan gozaron de un acceso que los otros nueve discípulos no parecían tener. Jesús les permitió escuchar a Dios en el monte. Vieron a Jesús ministrar en la casa de Jairo. Disfrutaron de un acceso más cercano al dolor y al juicio de Cristo en el huerto de Getsemaní. No es de extrañar que Juan fuera conocido como el discípulo a quien Jesús amaba y le fue permitido ver al Cristo glorificado.[23] No es de extrañar que Pedro predicó el sermón que marcó un cambio radical el día en que nació la iglesia.[24] No es de extrañar que cuando el rey Herodes comenzó su persecución de la iglesia, comenzó con uno de los líderes clave. "Por ese tiempo, el rey Herodes Agripa comenzó a perseguir a algunos creyentes de la iglesia. Mandó matar a espada al apóstol Santiago (hermano de Juan)".[25] El apóstol Pablo hace una declaración diciendo con respecto a los alumnos especiales de Jesús. Él escribe: "Santiago, Pedro, y Juan, que eran conocidos como pilares de la iglesia, reconoció el don que Dios me dio". Pablo, que nunca citó ninguna fuente excepto a Cristo para la legitimidad de su ministerio, reconoce la posición especial que Pedro, Santiago y Juan sostuvieron en la iglesia primitiva.[26] Sus posiciones especiales en la iglesia primitiva fueron un resultado directo del lugar especial que ocuparon en el programa de formación relacional de Jesucristo.

---

[20] Mateo 17
[21] Marcos 5:36-37 NTV
[22] Marcos 14:32-33 NTV
[23] Apocalipsis 1:12-13
[24] Hechos 2:14
[25] Hechos 12:1-2 NTV
[26] Gálatas 2:9 NTV

El estudio de Las Escritura es un componente esencial en el equipamiento de los discípulos

La sección anterior exploró el llamado de Cristo al discipulado. En esta sección, se seguirá un análisis del lugar de las escrituras en ese proceso. Jesús le dijo a los que creyeron en Él: "ustedes son verdaderamente mis discípulos si se mantienen fieles a mis enseñanzas."[27] Él terminó su ministerio terrenal con un claro llamado a realizar la formación de discípulos. Él dijo: "Enseñen a los nuevos discípulos a obedecer todos los mandatos que les he dado."[28]

El apóstol Pablo pone en práctica las palabras y el ejemplo de Jesús en el libro de Segunda Timoteo. Pablo está tutelando a Timoteo, su hijo espiritual en la fe cristiana en los porqués y las formas del ministerio.[29]

El llamado a ser un obrero que no se avergüenza aun llama a través de este versículo: "Esfuérzate para poder presentarte delante de Dios y recibir su aprobación. Sé un buen obrero, alguien que no tiene de qué avergonzarse y que explica correctamente la palabra de verdad".[30] Kenneth Wuest da una traducción y explicación prolongadas de estas antiguas palabras. El siguiente párrafo transmite sus citas y traducciones.

El apóstol Pablo reta a su alumno, el joven Timoteo, a *spoudazo*. Él quiere que estudie, se "apresure, ejerza, esfuerce, y sea diligente".[31] Pablo quiere que *paristemi,* para mostrar, presentar, "mostrar, la calidad que la persona o cosa exhibe".[32] Quiere que Timoteo sea *dokimos* por Dios. Quiere que él "sea probado con la mira de aprobar, y concluir que la persona o cosa cumple con las especificaciones establecidas, para aprobar a esa persona o cosa".[33] Pablo quiere que Timoteo sea aprobado como un obrero de Dios. "Un obrero aprobado es un trabajador que ha sido puesto a prueba, y cumplidas las especificaciones, ha ganado la aprobación de quien lo ha sometido a la prueba."[34] Este obrero aprobado de Dios es aquel que puede *orthotomeo*. Él es uno que puede "cortarlo derecho".[35] Wuest cita Vincent con relación a la intención del obrero. "La idea es que el ministro del evangelio debe enseñar bien la verdad, no abreviada, no manipulada como un charlatán, no hacerlo una cuestión de contiendas verbales, sino tratarla con honestidad y a fondo, de una forma

---

[27] Juan 8:31 NLT
[28] Mateo 28:20
[29] Nota personal: cuando yo era un nuevo creyente en Cristo, Juan Gossett, un diácono en la iglesia de Cristo me hizo memorizar 2 Timoteo 2:15 en la versión Reina Valera. He pasado los últimos treinta y seis años meditando sobre lo que denota mostrar y dividir.
[30] 2 Timoteo 2:15 KJV
[31] Kenneth S. Wuest, *Wuest's Word Studies* (Grand Rapids: Wm. B. Eerdmans Publishing Company, 1952), 134-135.
[32] Wuest, 134-135.
[33] Wuest, 134-135.
[34] Wuest, 134-135.
[35] Wuest, 134-135.

sencilla".³⁶ Wuest nos ayuda a ver la intención del apóstol Pablo, con respecto a la palabra escrita de Dios. El discípulo que va a servir a Cristo con precisión y fidelidad debe primero invertir tiempo en el estudio para asegurarse que cuando él o ella habla, está tratando la palabra de Dios como el paño del fabricante de tiendas de campaña, y cortarlo derecho.

El pastor y autor John McArthur confirma el reto de Wuest de manejar la palabra de Dios con precisión y fidelidad. Se basa en la metáfora de Vincent de la fabricación de tiendas.

> La marca de un maestro fiel o predicador [o mentor] es su fiel manejo de la palabra de verdad. El manejo fiel traduce un participio de *orthotomeo*, que significa literalmente cortar derecho. Se usó con el albañil marcando una línea recta, un agricultor arando un surco recto, un albañil armando una línea recta de ladrillos, u obreros haciendo un camino recto. Metafóricamente, se utilizó al realizarse cualquier tarea con cuidado. Porque Pablo se dedicó a hacer tiendas (Acts 18:3), él pudo haber tenido en mente la forma esmerada y recta con que se corta y se cosen las muchas piezas de cuero o tela necesarias para hacer una tienda de campaña.³⁷

El apóstol prosigue dándole a su alumno una progresión de cómo la palabra puede obrar en el desarrollo de un discípulo. "Toda la Escritura es inspirada por Dios y es útil para enseñarnos lo que es verdad y para hacernos ver lo que está mal en nuestra vida. Nos corrige cuando estamos equivocados y nos enseña a hacer lo correcto. Dios la usa para preparar y capacitar a su pueblo para que haga toda buena obra."³⁸

Las Escrituras inspiradas por Dios inician enseñando lo que es verdad. Cuando los mortales intentan nivelar sus vidas con la verdad divina, revelan la disparidad entre la humanidad pecaminosa y la divinidad Santa. Esta intersección es un gran momento de decisión para el aspirante a discípulo. Cuando la palabra de Dios inicia a estar en conflicto con la vida, los creyentes tienen una opción. Pueden perseguir un viaje autodirigido o arrepentirse y someterse a la Palabra y voluntad de Dios. Un deseo de acatar el proceso de corrección abre la puerta al ámbito del aprendizaje donde la palabra de Dios enseña lo que es correcto. Acoger la verdad, reconocer mal, aceptar la corrección, y aprender a hacer lo correcto, pone al discípulo de Jesucristo en el camino del servicio y las buenas obras.

Cuando mentor y alumno se reúnen para abrir las escrituras, no están solos. JumpStart enseña a los participantes a invitar al Espíritu Santo a venir y ser el maestro, líder y guía que dirige cada conversación en la dirección que debe ir. Scott Duval y Daniel Hays conectan la obra del Espíritu Santo a ambos lados del texto. El Espíritu Santo le da vida al texto, y Él está presente como maestro y guía para dirigir al buscador.

---

³⁶Wuest, 134-135.
³⁷John MacArthur, *2 Timoteo,* en The MacArthur New Testament Commentary, (Chicago: Moody Press, 1995), 76.
³⁸2 Timoteo 3:16-17 NTV

El término *inspiración* se refiere a la obra del Espíritu Santo en la vida de autores humanos de Escrituras con el resultado de que escribieron lo que Dios quería comunicar (es decir, la Palabra de Dios). En 2 Timoteo 3:16-17 el apóstol Pablo dice que "toda escritura es *soplada por Dios* [traducido a veces *inspirada*] y es útil para enseñar, reprender, corregir e instruir en justicia, a fin de que el siervo de Dios esté totalmente equipado para toda buena obra". El espíritu de Dios sopla el carácter de Dios en las Escrituras. La palabra griega para "inspirada" (*theopneustos*) está incluso conexa al vocablo griego para "espíritu" *(Pneuma)*. La Biblia tiene el poder y la autoridad para dar forma a nuestras vidas porque viene de Dios mismo.

Nos asimos a la autoridad de las escrituras porque son inspiradas ("sopladas por Dios"). La afirmación de Pablo en II Timoteo también nos recuerda que el Espíritu y las Escrituras van juntas-la palabra de Dios se originó del Espíritu de Dios. La obra de inspiración del Espíritu está terminada, pero su obra de llevar a los creyentes a entender y recibir la verdad de la escritura continúa. Los teólogos utilizan el término *iluminación* para referirse a esta continua labor del Espíritu. En la noche antes de ser crucificado, Jesús prometió a sus seguidores que el Espíritu Santo los guiaría a toda la verdad".[39]

Cuando el mentor y alumno abren sus corazones, mentes, espíritus y vidas a la enseñanza de las Escrituras, pueden confiar en la promesa de Cristo de enviarles un maestro. En la guía de mentores para JumpStart, hay una exhortación constante a escuchar espiritualmente lo que Dios está diciendo y haciendo durante los tiempos de reunión. El teólogo sistemático Wayne Grudem describe esta obra del Espíritu Santo en la vida del estudiante de la Biblia:

Nuestra máxima convicción de que las palabras de la Biblia son las palabras de Dios sólo viene cuando el Espíritu Santo habla en y a través de las palabras de la Biblia a nuestros corazones y nos da una garantía interior de que estas son las palabras de nuestro creador que nos habla… Aparte de la obra del Espíritu de Dios, una persona no recibirá verdades espirituales y, en particular, no recibirá ni aceptará la verdad de que las palabras de Biblia son de hecho, las palabras de Dios.[40]

Así como el discipulado y la mentoría tienen raíces en el Antiguo Testamento, también lo son estos principios de formación de líderes basados en las Escrituras. Esdras, el maestro profético, siguió el patrón de Pablo casi 500 años antes que el apóstol Pablo se lo enseñara a Timoteo. El texto dice: "… la bondadosa mano de su Dios estaba sobre él. Así fue porque Esdras había decidido estudiar y obedecer la ley del Señor y enseñar sus decretos y ordenanzas al pueblo de Israel".[41] Esdras siguió el mismo patrón, que Dios le dio a Josué.

---

[39] J. Scott Duvall, and J. Daniel Hays, *Grasping God's Word* (Grand Rapids: Zondervan, 2012), 226.
[40] Wayne Grudem, *Systematic Theology* (Leister, England: Inter-Varsity Press, 1994), 77.
[41] Esdras 7:9-10 NTV

"Estudia constantemente este libro de instrucción. Medita en él de día y de noche para asegurarte de obedecer todo lo que allí está escrito. Sólo entonces prosperarás y te irá bien en todo lo que hagas".[42] Charles Wilson afirma este patrón en la vida de Esdras, llamándolo el "el escriba judío ideal, ocupado en una triple tarea; buscar saber la ley, luchar por acatarla, y enseñarla a otros."[43]

Hace 100 años, el gran predicador H. A. Ironside describió este proceso en Esdras.

> Esdras, no es un simple estudiante intelectual de la palabra de Dios, ni alguien que enseñó a otros lo que no se apoderó de su propio corazón y controló sus caminos. Él empezó preparando en serio su propio corazón para buscar la ley del Señor. El Señor es quien prepara el corazón del hombre. Esdras lo reconoció. Así que no se dice que él preparó su cabeza-sino su corazón. Su sumo ser fue puesto bajo el señorío de la verdad de Dios. Sus afectos fueron controlados por las escrituras. Podría haber dicho con Jeremías; "Fueron halladas tus palabras, y yo las comí. Tus palabras fueron para mí el gozo y la alegría de mi corazón." Él estaba por sí mismo bien con Dios, y así estuvo dispuesto a ayudar a los demás a estar bien. Luego hubo más que la preparación interna. Habiendo aprendido la mente y la voluntad de Dios, emprendió hacerla. No predicaba la verdad que no estaba viviendo.[44]

El estudio, la aceptación, la comprensión, la internalización y la obediencia a la Palabra de Dios es esencial en el proceso de hacer discípulos. JumpStart propone llevar a un buscador, o a un creyente en desarrollo, a una interacción más profunda con la Palabra de Dios, a través de la amorosa asociación de un hombre o una mujer que se ha comprometido a estudiar, internalizar y obedecer la palabra de Dios.

En su libro, *El plantador de la iglesia incondicional,* el profesor, mentor, y plantador de iglesias Allan Karr habla de su legado cristiano. Da testimonio del esencial papel de las Escrituras en convertirse y permanecer como un siervo "incondicional" de Dios. "Ser y permanecer incondicionales implica conocer pasajes de las escrituras, aprender nuevos pasajes y principios de las escrituras, y escuchar a Dios a través de las escrituras regularmente. Estas prácticas diarias me recuerdan lo que ya es cierto y demuestran ser clave para ser y vivir la vida que las Escrituras revelan".[45]

---

[42] Josué 1:8 NTV
[43] Charles R. Wilson, *Joshua-Esther,* Wesleyan Bible Commentary, ed. Charles W. Carter, vol. 1 (Grand Rapids: William B. Eerdmans Publishing Company, 1967), 447.
[44] H. A. Ironside, *Notes on Ezra, Nehemiah, and Esther* (New York: Loizeaux Brothers, 1913), 65-66.
[45] Allan Karr and Linda Bergquist, *The Wholehearted Church Planter* (St. Louis: Chalice Press, 2013), 19.

Los discípulos son miembros del Cuerpo Más Amplio de Cristo

Las películas americanas presentan a héroes tales como Tarzán, Superman, Roy Rodgers, y el Llanero Solitario. Aunque Jane, Luisa Lane, Dale Evans, y Toro existieron, no actuaban como la fuerza motriz en la relación. En las películas americanas, los personajes representados por Humphrey Bogart, Arnold Schwarzenegger, John Wayne, Sylvester Stallone, Clint Eastwood, y Bruce Willis representaban el mismo duro individualismo robusto. En nueva repetición de la clásica franquicia *Star Trek* el capitán Kirk es el claro líder, mientras que Spock, quien tiene mayor intelecto, firmemente sigue al batallador líder.

En su libro, *La iglesia que se multiplica*, El Dr. Joel Coqmiskey aborda este entorno único de la cultura norteamericana. Joel ha estudiado la iglesia celular tanto a nivel nacional como internacional. Es significativo que, en este libro, él articula los desafíos únicos y la sociología de la iglesia cristiana en América. Escribe: "La cultura norteamericana en general se centra en el individuo en oposición al grupo. Se anima a cada persona a pensar y a actuar individualmente".[46] Comiskey cita la propensión americana hacia el individualismo cultural como una posible fuente de obstáculo para el desarrollo saludable de las Iglesias celulares en el contexto norteamericano.[47] JumpStart nació dentro del contexto de un modelo de iglesia celular en el ministerio. Porque los discípulos funcionan en el marco de los Grupos de Células, es esencial que la conexión del discípulo con el Cuerpo más grande de Cristo sea claramente entendida.

A menudo, el evangelismo clásico en el contexto americano incluye alguna forma de invitación de recibir a Jesucristo como Señor y Salvador personal. Mientras que esto se apega a la enseñanza de Jesús a seguirlo, se queda muy corto de la plenitud que la vida en el Cuerpo de Cristo ofrece. El llamado "sígueme" resuena con el espíritu individual norteamericano. El llamado a pertenecer es a menudo un reto mucho mayor. La cultura tradicional norteamericana no acepta fácilmente conceptos como sumisión mutua y el deber interpersonal. En su obra, que examina *¿Por qué los hombres odian la iglesia?* David Murrow hace un análisis alarmante de los hombres y su mentalidad en lo que respecta a las relaciones. "Muchos hombres han estropeado todas las relaciones que han tenido, y asocian la palabra con daño, malentendidos, y dolor. En la mente de un hombre, las relaciones son algo que los hombres tienen con las mujeres, no con otros hombres. Un hombre tiene que superar mucho temor y sospecha para tener una relación con otro hombre."[48]

Descubre lo contrario al individualismo norteamericano en las palabras del apóstol Pablo a la iglesia en Roma donde declara: "somos las diversas partes de un solo cuerpo y nos

---

[46] Joel Comiskey, *The Church That Multiplies* (Moreno Valley: CCS Publishing, 2007), 39.
[47] Comiskey, The Church that Multiplies, 40.
[48] David Murrow, *Why Men Hate Going to Church* (Nashville: Thomas Nelson, 2005), 223.

pertenecemos unos a otros".[49] La pertenencia bíblica ocurre en auténtica comunidad. Dr. Ralph W. Neighbour, Jr. escribe:

> "Porque la comunidad puede ocurrir más completamente sólo en grupos pequeños, un grupo célula de menos de 15 personas, es muy importante. Elementos esenciales de la comunidad incluye compromisos interpersonales y un sentido de pertenencia. La comunidad sucede cuando hay una vida compartida, permitiendo que se desarrollen metas y compromisos comunes entre todos sus miembros."[50]

La vida compartida es esencial porque "todos fuimos bautizados en un solo cuerpo por un mismo Espíritu".[51] Howard A. Snyder desafía la idea del individualismo cristiano y en su lugar aboga por relaciones íntimas dentro del Cuerpo de Cristo.

> Hoy la iglesia necesita redescubrir lo que los primeros cristianos encontraron: que las reuniones en grupo pequeño son algo esencial para la experiencia y el crecimiento cristianos. Que el éxito de la función de la iglesia no se mide por la cantidad de gente. Que sin el grupo pequeño la iglesia en la sociedad urbana simplemente no experimenta uno de los fundamentos básicos del evangelio-el verdadera, rico y profundo compañerismo espiritual cristiano, o *Koinonía.*[52]

Snyder se refiere a la *Koinonía* de la iglesia primitiva como se ve en Hechos 2:42, "Todos los creyentes se dedicaban a las enseñanzas de los apóstoles, a la comunión fraternal, a participar juntos en las comidas (entre ellas la Cena del Señor), y a la oración".[53] C. Peter Wagner capta la esencia de esta dinámica de seguir a Cristo y vivir en el cuerpo. "Al crecer en su relación vertical con Dios, los nuevos creyentes también crecían en su relación horizontal entre sí en la fraternidad cristiana".[54] Como nos enseña el apóstol Pablo, "Todos ustedes en conjunto son el cuerpo de Cristo, y cada uno de ustedes es parte de ese cuerpo".[55]

El enfoque que la iglesia de a la mentoría y a la formación del líder debe apoyar y demostrar este acuerdo con las relaciones. Rowland Rorman, Jeff Jones, y Bruce Miller preguntan y responden a una pregunta retórica, que habla a este contexto para la formación del líder.

> Si la iglesia es en su núcleo una comunidad de amor muy unida, una comunidad de pecadores perdonados menos que perfectos, ¿qué significa esto para el desarrollo del liderazgo? Necesitamos líderes que representan que la iglesia es. Necesitamos

---

[49] Romanos 12:5 NTV
[50] Neighbour, Where do we go From Here? 113.
[51] 1 Corintios 12:13 NTV
[52] Howard A. Snyder, *The problem of Wineskins* (Downers Grove: Intervarsity Press, 1975), 140.
[53] Hechos 2:42 NTV
[54] C. Peter Wagner, *Spreading the Fire* (Ventura: Regal Books, 1994), 104.
[55] 1 Corintios 12:27 NTV

líderes que se apasionen por modelar la comunidad y que están comprometidos con el desarrollo de otros líderes en el contexto de la comunidad.[56]

Estas presuposiciones teológicas están en el centro filosófico de la formación de mentores que utilicen JumpStart. Siguen el patrón de formación/mentoría de persona a persona. Cada sesión de JumpStart tiene su fundamento en la Palabra escrita de Dios. Finalmente, las sesiones invitan a cada participante a tomar su legítimo lugar dentro del cuerpo de Cristo.

Conclusión:

Thank you for taking time to read this final section. Ojalá, te confirme que JumpStart se basa en un sólido fundamento bíblico. Lamentablemente, la iglesia tiende a reconocer la importancia bíblica del discipulado, sin hacerlo. Creo que hay dos grandes problemas.

Primero, no sabemos cómo. Sospecho que muchos, si no la mayoría de los creyentes, son tímidos acerca de presentarse como mentor a otro. Suena arrogante y presuntuoso. Andy Stanley, pastor principal de Northpoint Atlanta compartió un pensamiento liberador en la Conferencia Catalyst hace unos años. Él dijo: "No eres responsable de llenar la taza de otro. Solamente eres llamado a vaciar tu propia taza." ¿Qué tan liberador es eso? No necesito saberlo todo. Todo lo que necesito hacer es compartir lo que Dios me ha dado con aquellos que Dios me trae. Puedo hacer eso, y tú también puedes.

Segundo, es lento. Queremos resultados fáciles y rápidos. Las iglesias quieren crecimiento. Quieren emoción. El discipulado no es necesariamente rápido o emocionante. Tampoco las raíces de un Secoya. Aun así, sin la interconectada red de raíces los árboles de Secoyas caerían con el primer gran viento. El potencial numérico del discipulado es bien conocido. Para recordar el pasado, ¡vamos a cerrar con eso! Imagina si tus mentores se multiplicaran cada seis meses. Empecemos con cinco mentores fieles y ejecútalo unos años. ¿Qué podría hacer esto en tu iglesia, capilla o ministerio? Es lento. ¡Pero es poderoso, bíblico y explosivo! ¿Imagínate lo que puede pasar si encuentras a esa personas tipo 30, 60, 100 por ciento, y las discipulas?

5	10	20	40	80
160	320	640	1,280	2,560
5,120	10,240		20,480	40,960

---

[56]Rowland Forman, Jeff Jones, and Bruce Miller, *The Leadership Baton* (Grand Rapids: Zondervan, 2004), 92.

Hola amigos artistas. ¿Alguna última imagen sobre el lugar del discipulado en el mundo de hoy?

EPÍLOGO

No guiaré mi vida basado en números. Dicho esto, hay números y patrones bíblicos con un profundo significado. Me bautizaron en octubre, me casé en octubre, instalé como pàstor de Northpoint en octubre, y presenté JumpStart fuera de las paredes de Northpoint por primera vez en octubre. Estoy lanzando esto en octubre de 2016. ¡Imagínate!

Me convertí en cristiano en 1977. Mi último día como pastor principal de Northpoint es 1/1/17. El lanzamiento de la Formación de Mentores JumpStart coincide con mi cuadragésimo aniversario como un seguidor de Cristo. El número cuarenta a menudo acompaña a un evento especial o el final de una época de la vida.

Ralph W. Neighbour, Jr. me dijo que escribiera JumpStart estando en Waco, TX en 2009. En ese entonces, yo estaba en un ayuno de cuarenta días. Volví de Waco en julio de 2009. A menudo me he preguntado qué impactó ese ayuno porque ninguna de las cosas por las que oré terminó como la planeé. Sólo la otra noche lo entendí. JumpStart se publicó en julio de 2016, siete años después de iniciado. Así que, un viaje que inició sin querer con un ayuno de cuarenta días tomó siete años en ultimarse. Siete es el número bíblico de cierre.

Un ayuno de cuarenta días, siete años de trabajo, y cuarenta años de preparación. Podría ir más allá y decir que si se multiplica el número perfecto por tres veces el número de cierre, da un resultado de 21 años que fui pastor Northpoint. Como he dicho, no baso mi vida en números, pero por seguro que pueden ser interesantes.

Estoy compartiendo contigo estos pensamientos al azar porque creo que es el momento para que me lance y ver lo que Dios quiere hacer con JumpStart. Anhelo tus oraciones por mí mientras oro gozosamente por ti. Dios puede romper cualquier cadena y traer luz a cualquier profundidad de oscuridad. Su Palabra y Reino son realmente semillas de mostaza. Si haces tu mejor esfuerzo para arar, plantar, regar, y cuidar creo que Él hará la milagrosa obra de levantar mentores que hagan discípulos en tu ministerio. Mentores que hagan discípulos multiplicarán tu capacidad para alcanzar, ministrar y entrenar más allá de cualquier cosa que hayas imaginado.

Y ahora que el Dios de la gloria te llene de gracia, salud, poder, paz, fe, finanzas, y persistencia para el viaje al que Él te ha llamado. Que las almas sean salvas, creyentes entrenados, y líderes levantados para atender el negocio de tu amo. Que Dios abra las puertas que ningún hombre puede cerrar y cierra las puertas que ningún hombre puede abrir. Que Dios te dé señales y maravillas que te sigan a ti y a tu ministerio todos los días de tu vida. ¡Que seas un seguidor de Cristo de cien por ciento!

En el nombre del Padre, del Hijo y del Espíritu Santo.
¡AMÉN!

ACERCA DEL AUTOR:

El Dr. Paul M. Reinhard nació en Ft. Sill, OK el 7/18/55. Pronto, su familia regresó al sur de California donde creció y pasó su juventud. Se graduó de Glendale High en 1973 y se unió al ejército de los Estados Unidos el 1 de abril de 1974. ¡Día de los inocentes!

Pasó los siguientes cuatro años en formación y sirviendo. Estuvo en el Séptimo Grupo de Fuerzas especiales A-732 y en el Quinto Grupo de Fuerzas Especiales A-595. Paul se graduó de la escuela High Altitude Low Opening Parachute School (HALO, por sus siglas en inglés) y Special Forces Under Water Operations (SFUWO, por sus siglas en inglés). Su equipo asistió a la escuela de la jungla en Panamá, operaciones de montaña en Puerto Rico, y formación de guerra de invierno en Alaska durante enero. En su última temporada de servicio, su equipo trabajó y se capacitó con un SADM (munición estratégica de demolición atómica.) Esta parte de su formación fue desclasificada recientemente por el ejército de los EE.UU.

Aunque de día, Paul tenía una autorización de seguridad de nivel nuclear, por la noche él y sus amigos eran devotos "animales fiesteros". En el verano de 1977 el loco estilo de vida de Paul lo llevó al punto de la decisión. A través de una multitud de encuentros y eventos "casuales", el Señor Jesús sacó a Paul de su estilo de vida pecaminoso, a la iglesia.

En 1978 Paul fue dado de alta con honores del ejército y volvió a Glendale, CA. Conoció y se casó con Karen Louise Maddux. Él estaba asistiendo a L.I.F.E. Bible College cuando se dieron cuenta que Karen estaba embarazada de su primer hijo. Pablo necesitaba un trabajo por lo que solicitó, y fue aceptado en el Departamento de policía de Glendale. Chris nació el 5 de julio de 1980 días antes de que Paul se graduara de la Academia del Sheriff de los Ángeles, clase 200.

Aunque el trabajo en la policía de Glendale pagó las facturas, el corazón de Paul estaba en el ministerio. Durante los próximos años, Paul vendió autos, dirigió una ruta de jardinería y, en última instancia, se graduó de la Universidad Azusa Pacific con una licenciatura en literatura bíblica. Su hija Jennifer nació el 20 de julio de 1983 mientras Paul seguía estudiando. Se graduó en 1985.

La familia inició un ministerio juvenil en la iglesia Sunland Baptist Church. Paul continuó estudiando en el seminario Fuller. En 1988 la familia se mudó a Fresno y Paul continuó estudiando por la noche en el Seminario Teológico de California. Trabajó durante el día en Power Burst como director de eventos especiales. En 1992 la familia empacó y se mudó a Woodstown, Nueva Jersey. Paul fue pastor juvenil a tiempo parcial en First Baptist Church y estudiante de tiempo completo en el seminario Eastern Baptist Theological Seminary, ahora Palmer Seminary. Paul se graduó en 1994. En 1995, Paul aceptó el llamado a la iglesia Calvary Baptist Church en San Bernardino, CA, donde pastoreó durante veintiún años.

Paul y Karen pasaron veintiún años dirigiendo a la iglesia a través de un cambio de nombre a Northpoint, un incendio provocado de varios millones de dólares, una compañía de seguros en quiebra, reconstrucción y supervivencia de la deuda. Persistieron en guiar una iglesia Bautista tradicional a través de cambios en la adoración, constitución y membresía. ¡Hoy la iglesia está unificada, creciendo, y persiguiendo la voluntad de Dios para su futuro bajo el excelente liderazgo de su hijo Chris!

En 2008 Paul comenzó el programa de Doctor en Ministerio en el seminario teológico Golden Gate, ahora Gateway. Tuvo el privilegio de estar en la cohorte de la iglesia celular dirigida por el Dr. Ralph Neighbour, Jr. En los últimos ocho años, Dios ha estirado el enfoque de Paul. Paul acoge grupos grandes y ama los grupos de célula. Sin embargo, él cree que es la experiencia de uno-a-uno la que transforma vidas, forma el carácter, y prepara a líderes.

Paul y Karen aman pasar tiempo con sus hijos Christopher y Jennifer, sus esposas Shannon y Jeremy, y sus seis nietos Ashlee, Zoe, Hannah, Luke, Noah, y Busy Lizzy.

¡A los 61 años Paul se siente muy bendecido, vivo, y emocionado por los próximos cuarenta años! Si Paul puede servirte, a tu iglesia, capilla, o ministerio al hablar, soñar, entrenar, asesorar, u orar, por favor, comunícate y conéctate.

LLAMADA O TEXTO:
909-855-9695

EMAIL:
PaulMReinhard@Gmail.Com

ORACIONES Y NOTAS:

ORACIONES Y NOTAS:

ORACIONES Y NOTAS:

www.ingramcontent.com/pod-product-compliance
Lightning Source LLC
Chambersburg PA
CBHW081015040426
42444CB00014B/3212